新疆师范大学人文社会科学重点研究基地
中亚与中国西北边疆政治经济研究中心　资助出版
国家社会科学基金资助研究项目

中亚与中国西北边疆政治经济研究丛书

雷　琳/主编

新疆公民政治行为理念建设研究

A STUDY ON THE CONSTRUCTION OF THE IDEOLOGY OF
CITIZENS' POLITICAL BEHAVIOR OF XINJIANG

雷　琳等/著

社会科学文献出版社
SOCIAL SCIENCES ACADEMIC PRESS (CHINA)

总　序

　　摆在读者面前的这套系列丛书，是新疆师范大学人文社会科学重点研究基地"中亚与中国西北边疆政治研究中心"的主要研究成果。

　　说到中亚与中国西北边疆政治，这是一个很大的研究课题，又是一个具有极大的特殊性和研究难度的课题。中亚地区位于欧亚大陆的腹心地带，不仅是连接欧亚大陆和中东的要冲，还是大国势力东进西出、南下北上的必经之地，西方学者称之为"历史上的地理枢纽"。中亚五国的成立，使国际政治关系发生了重大变化，加之中亚诸国位于反恐的战略前沿且兼具能源为主的资源禀赋，这些因素都极大地提升了中亚地区的地缘价值。在文化的意义上，中亚地区同时体现出东方文明、南亚文明、欧洲—地中海文明的交汇和冲突，因此，这里被视为"东方"与"西方"文化互动博弈的连接点和接合部。深刻认识中亚地缘政治格局变迁和我国周边安全环境变化的新特点、新趋势，切实维护我国的国家安全和稳定，构建于我有利的"睦邻"、"安邻"、"富邻"的和谐的周边国家关系，可谓意义深远。

　　新疆地处亚欧大陆腹地，东与祖国内地相连，西和北与周边俄罗斯、哈萨克斯坦、吉尔吉斯斯坦、塔吉克斯坦、巴基斯坦、蒙古、印度、阿富汗等国接壤，向西开放的地缘区位优越，是我国西部地区经济增长的重要支点，是我国向西开放的重要门户，是我国战略资源的重要基地，是我国西北边陲的战略屏障。作为中亚诸国的地理文化近邻，在新疆地区有九个民族与中亚跨界而居，与中亚有着地缘、民族、宗教、历史、文化方面的广泛联系。得天独厚的地缘优势和频繁且由来已久的交流，构成新疆学者研究的地缘基础及优势。

新疆师范大学"中亚与中国西北边疆政治研究中心"于2008年9月成立，研究中心设置"中亚政治研究室"和"西北边疆政治研究室"，研究工作分别围绕"中亚国家政治制度比较研究"、"中亚国家法律制度比较研究"、"西北边疆政治发展与政府管理研究"和"中亚地缘政治与新疆安全和发展研究"等问题进行。我们力图通过对中亚国家政治制度和法律制度的比较研究，廓清中亚各国政治、法律制度产生、发展和演进的历史脉络；把握中亚各国政治体制及法律制度之间的传承性、同构性和差异性。我们力图通过对西北边疆政治发展与中亚关系研究，正确把握地缘政治关系影响下西北边疆政治发展的历史规律与时代特征，从容应对"三股势力"对国家安全、社会稳定和经济发展的严峻挑战；以西北边疆民族地区的公民政治文化建设、区域经济发展与区域政治发展、边疆稳定与意识形态教育等作为研究工作的核心，深入剖析我国民族关系和民族融合过程的多样性与复杂性，努力构建有中国特色民族政治学理论与方法的新的生长点；我们力图为中国特别是新疆地区与中亚诸国构建和谐稳定的睦邻友好关系，推动与维护边疆地区的经济发展和政治安全，增强我国在地缘政治格局中的主导性和影响力，提高政府部门外交决策行为的科学性、前瞻性和有效性，提供理论支撑和科学导向，充分发挥理论对实践的指导作用。

中亚政治研究和中国西北边疆政治研究是研究中心的两个相对独立、平行的研究方向。从现实情况来看，研究中心目前的学术队伍和学术成果主要集中在中国西北边疆政治研究这一方向上，中亚政治研究的学术队伍尚显薄弱。正因为如此，我们确立了"立足新疆，拓展中亚"的发展战略。研究中心目前的学术队伍首先对以新疆为典型的西北边疆政治发展中的重大问题进行攻关研究，在此基础上，积极培养研究队伍，将理论研究的视野逐渐扩展到中亚，将地缘优势、资源优势和人员优势转化为学科优势，最终实现以中亚政治研究为突破口，使中亚研究真正成为边疆地区理论探索和学科建设的聚焦点、创新点和立足点。

为了将研究中心努力建设成为新疆和西北地区乃至全国具有一定影响力的人文社会科学基地，成为国家有关中亚与西北边疆政治发展科学研究、人才培养、学术交流、资政服务的中心，全体成员努力拼搏，逐渐开始取得较丰硕的研究成果。展现在读者面前的这套系列丛书，是研究中心成员近期主要研究成果的结晶。在研究中心，聚集了一批辛勤耕耘在政治学教学与科研一线的中青年学者，他们大多是近年毕业的博士，各自承担了一些国家级、省部级等研究课题，在各自的研究领域倾注了很大精力和很多心血，具有扎实的理论功底和科研能力，保证了本研究丛书的专业性和创新性。在此，我们希望这套丛书能够成为中国政治学研究领域百花齐放中一朵亮丽奇葩。

"中亚与中国西北边疆政治研究中心"毕竟刚刚起步，若没有新疆师范大学党委的高度重视及学界前辈的指导，没有社会科学文献出版社领导和编辑同志的鼎力协助，本丛书也不会这样顺利和迅速地问世，在此谨致谢意！

雷　琳

2008 年 10 月 26 日

目录

CONTENTS

前　言

　　现代民主政治之始，无论对于政治国家，还是对于公民社会，公民参与都是实现善治的必要条件，是民主政治的核心问题。没有公民参与，就没有民主政治；没有理性的公民参与，就没有健康、有序的民主政治；没有对理性公民参与的研究与探索，就没有民主政治的科学发展和理论完善。而公民的政治行为理念，作为公民政治意识形态、公民政治价值理念和公民政治心理的综合体，作为影响和决定公民政治参与的最具能动性的要素，势必成为对理性公民参与进行研究与探索的理论基点和起始肇端。

　　公民政治行为理念具有不同的理论构架。19 世纪 30 年代以降，无论是帕特南（Robert. Putnamn）的社会资本理论，菲奥里纳（Morris. P. Fiorina）的理性选择论，还是斯科克波（Theda. Skocpol）的历史制度主义理论，都着力于对行为理念和政治参与的互动关系进行研究。在这些理论中，所谓政治行为理念下的公民参与，实则是具有公民权利的主体运用制度化的组织与途径公开表达利益诉求的过程。在参与过程中他们可以与政府机构进行协商谈判与讨价还价，并且可以影响政府公共决策的过程。新中国成立后，我国首倡的群众参与模式，则赋予公民参与更鲜明的本国特色和理论特质。在这一理念下，治理目标和治理手段的不对称是党和政府动员社会力量参与国家治理过程的根本原因，而国家对资源的总体性垄断则是实现群众动员的基本前提。以此为背景，党和政府创建了参与式动员、运动式动员、组织化动员等丰富多样的动员模式。这一模式与西方公民参与模式的显著区别在于，它是政党和国家动员之下的组织化参与。群众作为推进社会政治经济发展的人力资源，也作为政治塑造与治理的对象，整体化地被纳入国家政权建设的过程之中。群众参与所发挥的功能主要是让群众参与对自己利益有直接或间接影响的政治决策过程，进而发挥社会化和社会控制的功能。参与的最终目的，不仅是通过学习政治过程而学会制度化地表达与维护个体的合法权益、监督政府的决策与执政过程，同时也是对政党伦理和先进意识形态的渐趋熟识与高度认同。更具实效意义的是，通过这种参与，参与者既成为具有权利意识的公民，而且成为服从纪律的群众的一分子，这种行为理念与政治自觉的同体共生，在发展的意义上为公民参与理论添附了极具国别特性的理论元素与实践因子。

公民政治行为理念建设具有十分重要的意义和地位。理性的公民参与，是实现公民权利的基本途径，是公民的合作精神、政治认同、参与能力、政治价值不断提升的前提条件，是防止公共权力滥用的有效手段，是促使政府决策更加科学化和民主化的积极动因，是达到社会生活和谐与安定的有力保障。十六大以来，我党提出了"社会主义政治文明"的建设命题，并将它作为社会主义现代化建设中的重要一环加以阐述。社会主义政治文明建设的根本目标是要实现社会主义民主政治建设，这不仅要求有完整的政治民主体制，更要求有能够驾驭民主体制的合格的、具有一定民主政治素质的公民和公民的积极参与。而且，我国的国体与政体决定了人民当家作主的政治意志，非人民群众的广泛参与不能实现。在完善社会主义市场经济、建设法治国家、构建和谐社会的背景下，中国共产党切实做到科学执政、民主执政、依法执政，就需要从科学发展与社会和谐的全局考虑，改进政治动员效果、提高公民政治参与水平。积极引导、培育、塑造与法治精神、社会和谐特别是与社会核心价值体系相适宜的公民政治行为理念，使其蕴涵自主、理性、有序、规范的素养，以利于保障公民合法权益并促进社会繁荣富裕和谐，是政治文明建设的任务之一，也是政治社会化的重要目标。在这个意义上说，公民政治素质和参与水平的高低将直接决定社会民主的发展程度。在全面贯彻落实科学发展观和构建社会主义和谐社会的新的历史时期，不断推进公民政治行为理念建设，不仅是我国政治建设、经济建设、文化建设、社会建设的内在要求，而且赫然处在核心和基础性的地位。

公民政治行为理念有多样的表达方式并受到多重因素的制约。在以信息和科学技术的迅猛发展为背景的当代政治环境下，诸如投票、竞选、公决、结社、请愿、集会、抗议、游行、示威、反抗、宣传、动员、串联、检举、对话、协商、游说、听证、上访、电视辩论、网络论坛、网络组织、手机短信等，举凡旨在影响公共决策和公共生活的行为，都可以在"政治参与"和"政治行为理念"的学术语素中得以规整、定位与演绎，从而构成民主政治生动的形式外观和深刻的理论内质。自主选择的多样性和表现方式的繁复性，势必带来制约因素的多重性。公民的政治行为理念受制于如下因素：其一，是社会经济发展水平以及公民自身社会经济地位。研究表明，在不同的经济条件和地位下，公众参与的程度及政治偏向会有所差别甚至大相径庭。虽然经济发展的程度与公民参与的程度不存在简单的对应关系，但从各国政治发展的长远过程来看，一般而言，经济发展程度越高，公民的参与程度也越高。其二，是传统文化的背景与氛围。鼓励公民参与的政治文化会促进公民的参政热情，相反，遏制公民参与的政治文化则会导致公民的政治冷漠。其三，是公民接受教育的程度与水平。一般的规律是，教育程度越高，公民的参与积极性也越高，教育程度越低，其参与积极性也越低。其四，是公民所在国家或地区的政治环境，特别是国家的政治制度和执政当局的民主精神。公民参与必须有相应的政治制度保障和政治宽容精神，否则就难以有真正的公民参与。国家的政治制度为公民的参与提供合法的渠道、方式、场所，并且当公民的参与行为受到非法侵害时保护公民的正当参与权。

公民政治行为理念建设具有鲜明的时代特征和区域特点。政治文明是时序渐进和空间完善的同一过程。从全国来看，随着经济改革深入，我国正经历着由自给、半自给的产品经济社会向社会主义市场经济社会转型，由农业社会向工业社会、信息社会转型，由乡村社会向城镇社会转型，由封闭、半封闭社会向开放社会转型，由伦理社会向法理、法治社会转型。在这个历史时期，政治生活发生了深刻变化：公民的主体意识迅速觉醒，参与能力不断提高，新利益群体相继产生，决策民主化程度逐步提高，公民参与方式不断更新。这些因素，为公民养成应有的政治行为理念，进而保证有序参与政治，提供了必要的条件。而社会转型的阶段性特征，也造就了公民政治行为理念的不成熟状态，呈现为政治行为的过渡性特征：参与热情与冷漠并存、正式组织与自治组织参与并存、制度化参与与非制度化参与并存、政治性参与取向与利益性参与取向并存、参政意识较强与参政意识较低并存、公民政治参与期望值高与政治效能感低并存。从区域来看，新疆的历史文化传统与东西差距的心理影响、三股势力在意识形态领域的渗透等诸多因素交织投射，使这个地区形成了同内地既有共性又有个性的政治环境，衍生出与全国有所差异的政治行为理念特点与政治行为表现。

在新疆进行政治文明建设，除了按照全国统一部署推进之外，还要考虑多个民族、多种语言、多元文化汇集，宗教在少数民族群众中具有广泛而深刻的影响，尤其是民族分裂主义挟持多个民族宗教信仰、文化观念共通的便利对公民政治理念竭力进行蛊惑的挑战。也就是说，新疆有与全国相同的培育公民政治行为理念的使命，还有结合本地实际着力强化"四个认同"教育（对祖国的认同、对中华民族的认同、对中华文化的认同、对建设中国特色社会主义的认同）的艰巨任务。没有西部的全面小康，就没有全国的全面小康。同理，没有新疆少数民族多元文化背景下公民政治行为理念的建设及其政治参与，也不可能有全国完整意义的政治文明发展。因此，新疆区域公民政治行为理念的建设，直接影响着本地政治社会化的态势，还关系全国政治现代化的大局。

第一章　公民政治行为与公民
政治行为理念

在社会主义改革开放进程不断深化的今天，我们对社会政治民主发展需要培养出什么样的政治公民逐渐有了清晰的轮廓。社会民主政治的进程，更应由民主讨论进入到民主实践的实证环节中，也就是说应当认识到公民不仅要成为社会政治发展进程的教育者和受动者，而且也将逐渐成为社会民主政治进程的实际参与者和支持者。

现代社会的发展已使民主政治的发展进入了全民参与和全民发展的进程。在这一过程中，公民通过学习并内化政治文化，逐渐形成具有一定的、稳固的政治意识、政治情感、政治价值观、政治信念等一系列反应和倾向的政治人。在这个过程中，政治意识的差异、政治情感的流露、政治态度的表达、政治价值的选择和政治信念的程度等构成了公民政治社会化的基本向度和纬度，并影响着公民的实际政治行为。

现代民主建设的重要环节不仅在于使公民具有社会政治民主建设的基本理念，而且包括这种理念经理性思考后在行动上的表现，即公民政治行为和政治行为理念。这种理性指导下的政治行为既受到现代社会政治主流意识的指引，也烙印着传统政治意识对公民政治人格塑造的深刻痕迹，更由于公民个人政治意识成长过程中不同的民族、经济、社会差异而导致的个人政治行为理念

1

差异使公民政治行为呈现出"千人千面"的特殊景象。

社会政治发展的重要机制在于使公民能够在社会进程中投入到实际的政治活动之中。这种实际的政治行为作为政治社会化的结果和产物，是政治主体在政治行为理念的驱动下，在社会政治生活和政治活动中的外在表现。

一　公民政治行为

1. 公民政治行为的内涵

社会民主是一个公民进行政治参与的社会机制体系。在这一过程体系中，公民通过实际政治行动表达对社会民主政治发展路径的认知和实现对社会政治体制的实质性参与。作为一种社会政治发展的历史范畴，公民政治行为是指公民在一定政治意识和政治情感基础上，在对社会政治状况做出理性判断的基础上，在社会政治生活和政治活动中的外在表现，包括：选举、投票、游行等。

2. 公民政治行为的特点分析

公民政治行为并不是从来就有的，它是随着社会政治的发展而发展起来的。公民政治行为作为公民对社会评价和判断后的政治参与活动具有以下一些特点。

（1）公民政治行为的受约性

作为社会政治行为参与主体的公民，通过其实际的政治行为参与社会的政治活动，并影响政府，进而影响社会公共政治生活。表面看来，公民在社会政治活动中采取什么样的政治行为，似乎完全是公民作为社会政治主体的自身主观意识的表现，但实际上，其政治行为受到多重因素的影响。首先，公民政治行为的选择受到公民自身所处的社会阶层的阶层利益制约。随着中国社会在"先富共富"理论指导下进行的社会分配制度和分配方式改革的不断深化，全体公民尽管在阶级利益和总体利益上仍然保持着大体一致的要求，但由于不同社会阶层的出现和分化，中国社会公民在其政治利益和政治要求上也不可避免地出现了分化。这种社会阶层的不同所导致的在社会政治参与中的途径和能效差异会直接在公民的社会政治行为中表现出来。其次，公民政治行为受到社会政治文化的制约。相对于其他社会行为而言，公民的政治行为更易受到社会政治思想尤其是社会价值观的影响和支配，政治意识对公民政治行为的性质、方向和程度有着直接的影响。社会政治心理作为一种具有更多感性表现的心理判断，对公民的政治情感和政治态度具有直接性的驱动性作用；公民政治道德则对公民政治行为具有强烈的调节和规范作用；公民政治信念则对公民的政治行为具有强化其参与程度，制约其政治行为的频度控制作用；政治舆论会对公民政治参与提供外部环境的支持或阻碍作用；政治信息的获取或缺乏同样会对公民政治行为的参与方式和参与程度起到相应的影响。此外，公民的文化教育程度、社会的法制化水平以及社会的经济文化发展水平都会对公民政治行为产生相应的影响。

（2）公民政治行为的目的性

作为人的主动性行为，公民政治行为的目的性是显而易见的。公民的奋斗目标、理想追求往往会对公民的政治行为产生强烈的指向性作用。作为社会政治活动基本要素——有意识的理性化的人，在从事各项活动，包括社会政治活动时，总是有着一定的目的性，即公民的政治行为受政治意识和行为理念指导。作为社会的人，在不断的社会交换活动中要求获得自身的和本群体的社会利益，这种对社会利益的期求就构成了一定的社会关系和社会资源分配结构，进而确定为一定的社会政治关系。而社会政治关系和人们在社会政治生活中的地位进一步确定了人们的利益分配方式和利益获得状况。随着社会经济生活的发展，公民政治利益的分层化状况进一步加剧，公民政治利益出现了不同的利益群体分化和不可避免的部分群体利益的侵损，这就促使公民必须为实现一定的政治利益采取主动的政治行为。这种社会利益要求和政治意向便成为引导和驱动人们采取政治行为的动力。可以说，公民政治行为是在一定政治目的下进行的有方向的政治行动。

（3）公民政治行为的渗透性

政治自产生以来就表现为社会多种利益的混合体现，它以多种方式体现于社会生活之中，并在同社会其他领域的互动之中发挥着自己的作用。政治渗透于社会生活的各个领域，力图使整个社会的运行有利于统治阶级或社会利益集团的利益维护。为实现这一利益维护的目标，政治往往利用各种手段，例如法律、行政、宗教，实现对特定社会集团的利益合法性确认。由此确定了在任何社会，政治行为对所有领域的渗透性。一方面，统治集团或统治阶级试图利用各种途径实现对其统治合法性的认同；另一方面，其他层面的社会成员，为确保维护在政治运行过程中特定集团的利益，也会自觉或不自觉地通过各种各样的政治行为表达自己的利益和要求。由于社会集团或社会阶层的多样性，就使得社会政治行为也体现在社会生活的方方面面。作为社会政治发展的主体性因素——公民，面对利益的多样性，同样会通过各种途径力图为其利益的维护和取得提供多种论证，进而以政治行为的方式实现其利益要求。

（4）公民政治行为的复杂性

政治人的社会属性并不是人类与生俱来的社会品质，公民政治行为也不是人类的本能行为。作为一门科学和艺术，政治是人类上层建筑中较高级的一种社会活动形态，政治行为也是人类一种较为复杂的行为。作为集中反映了一定社会人们利益关系和利益要求的政治关系，要求参与其中活动的人必须具备一定的政治行为能力，才能成为政治社会的主体。由于不同公民在社会经济地位、利益要求、文化知识、价值取向的不同，其在政治社会活动中具有不同的政治意识和政治情感，产生不同的政治行为模式和政治参与手段。再加上对各种政治行为判定标准的不同取向，使政治行为有了多种划分。如以政治行为合法性可将公民政治行为划分为合法政治行为和非法政治行为，以政治行为激烈程度可将政治行为划分为暴力政治行为和和平政治行为，以政治参与人数可将政治行为划分为个体政治行为和群体政治行为。此外，就表现形式而言，公民政治行为又可以分为发表政治意见、参加政党、参与政权、参加选举、示威游行等等多种形式。同时，由于公民个人的社会经济水平、文化教育程度、社会职业、个人经历等方面的差异，使不同公民在面临政治参与，采取政治行为时会有着不同的选择。再加上我国在这一特殊的政治体制改革试点阶段，各地方、各区域的社会经济发展水平的政治参与体制的不同，乃至政府职能定位的差异，更使得公民政治行为呈现出复杂性的特征。

（5）公民政治行为作用的多样性

公民政治行为作为公民社会行为的特殊表现形式，必然会对公民社会产生一定的政治影响，这正是公民政治行为的固有特征。社会政治行为主体的多样性、公民政治行为模式的复杂性、相关因素的不确定性，势必导致公民政治行为的作用多样性。政治这种多样性存在的或然性，使得当某一种政治行为出现时，我们并不能简单地根据是否符合社会当局的要求或顺应多数人的呼声而判定某一政治行为产生了积极作用或消极作用。一些作为政府推动的公民政治行为，虽与社会主流意识形态相适应，但缺乏组织性，一哄而起，以一种不规范的行为方式表达公民的政治主张，所起到的作用并非是对社会政治发展的推动性作用。而一些政治行为，虽未得到政府的认同，或与主流意识形态不相符，但反映了公民的普遍政治意愿，代表社会大多数人的利益，未必不能推动社会政治参与水平的提高。

正因为公民政治行为的这种特征，使我们认识到公民政治行为实际上是一种建立在一定感性基础上的理性判断支配下的社会政治活动。为确保我国的社会主义政治文明建设做到代表最大多数人民的根本利益，就需要关注公民的政治行为方式并加以引导。

3. 公民政治行为作用分析

公民政治及其行为虽然以个体或个体联合的形式进入到社会政治过程之中，但它却与社会政治、国家政治形成了互为呼应、相互协同、双向影响的政治体系。一个国家或民族的政治发展往往与对公民个人的政治权利确认与维护、政治参与途径的提供、政治管理的意见表达、政治知识的学习与灌输能否得以实现及实现程度有着密切的关系。在今天，公民个人政治行为的发展状况、公民对国家和社会政治发展的影响程度已成为衡量整个社会政治发展水平不可或缺的重要指标和基本依据。

（1）公民政治行为及其选择是社会民主政治发展的重要基础性环节

当代美国政治家罗伯特·达尔曾对民主政治下过一个经典的定义，他认为，一个名副其实的民主政治必须符合8个指标：①组织和参加团体的自由；②言论自由；③平等的投票权；④公民有担任公事的资格和机会；⑤政治领袖有权为争取支持和选票而竞争；⑥有选择性消息来源；⑦自由、公正的选举；⑧具有能使政府决策取决于公民的投票以及其他方法表示的机构。[①] 我们可以看到在罗伯特·达尔的民主政治论证中，他是以公民政治行为的实际操作作为民主政治是否得以实现的一个重要标准加以论

---

① 　罗伯特·达尔：《民主理论导言》［M］，芝加哥大学出版社，1956。

证的。同时它实际上表明了在衡量一个国家或社会民主政治发展状况的核心标准，是建立在对公民政治行为状况的研究基础上的，这在一定意义上指明了公民政治行为发展在民主政治建设中的重要作用。

自古希腊以来，对政治民主最为广泛接受的定义，就是政治民主是指多数人的统治。列宁在论述民主政治时也谈到一切民主制度都"意味着在形式上承认公民一律平等，承认大家都有决定国家制度和管理国家的平等权利"①。为实现这一民主信念就必须要有一系列的民主模式加以规范和引导，使民主成为可以通过一系列的行动加以表现的实际操作规程，即操作性民主的实际运用——提供公民表达民主意愿、参与民主政治、实现民主管理、维护民主权利的途径。正是通过这种公民的政治行为，人们实现了对国家和社会公共事务的影响、参与和决定，确保了民主的实际运转而非画影描形。通过实际的政治投票、政治选举、政治表达、参加政治团体、接触政治机构、组织政治活动等方式多样的政治行为选择，公民最终以"政治人"而非"自然人"或"经纪人"的身份进入社会关系，构建起完整的国家政治和社会政治体系。通过公民的实际政治行为"使社会政治过程及其发展真正体现和融合公民个人的政治要求及主张。反过来这也恰恰证明，符合大多数人利益要求的，具有良好社会民主基础的社会政治正是多数公民个人政治行为的集合"②。

（2）公民政治行为的实践性操作过程推动公民政治素质的提高

公民政治素质是指公民"作为一个政治角色对自己所承担

---

① 列宁：《列宁全集》第 31 卷［M］，人民出版社，1975。
② 田广研：《公民个人政治及行为分析》［J］，《西安建筑科技大学学报》2002 年第 3 期。

的政治义务和所享受的政治权利的理解、把握、反应和见诸行动等情况的总和"①。它包括公民的政治意识和公民的政治行为两部分内容。应当承认在政治意识和政治行为的关系上,政治意识是公民政治行为的内在主导,政治行为是公民政治意识的外化表现。公民政治意识决定着公民的政治行为选择和方式。但我们同时也应看到,作为外化的政治行为同样对公民内在政治意识有着重要的强化、改造和提升的作用。

对现代中国的民主政治建设而言,由于中国政治文化和政治行为理念中"敏于言而讷于行"的传统政治意识的存在,使公民在政治意识和实际政治行为上往往有着一定的差距。这种差距的存在一方面说明了在我们的民主政治建设中还有很多需要改进和提高的方面,另一方面也说明了公民政治素质的不健全和不完善。这种公民政治素质的不完善并不是说中国公民在政治意识、政治情感或政治评价上存在缺陷,而是表明中国公民在政治素质内容上存在着政治行为和政治行为理念的缺失或不足。也就是说公民在作为个人政治行为主体时不能明了或完全明了民主政治的实际操作程序。这种对实际操作程序的不明了往往会使得公民在面临政治行为选择时采用一种非正当的、激进的方式进行政治意见的表达和政治活动的参与。因此,要想改变这种状况,最好的办法就是通过实际政治活动的行为参与使公民了解社会政治活动的程序原则和基本架构,树立起在政治活动和政治意见表达时采用适当政治行为的基本政治理念,完善公民个人的政治素质,实现公民政治理念和公民政治行为的较好协同。

(3)公民政治行为的成效评估是公民对社会政治统治模式进行合法性评估的感性基础

民主政治体制要想在社会政治中获得对社会政治活动乃至一

---

① 时延春:《公民政治素质研究》[M],郑州大学出版社,2005。

切活动的最高管理权，重要的是要建立合法的权力来源。在现代民主社会，对政治机构和管理体系进行权力合法性授权的唯一来源是人民的认可。也就是说只有当人民认为现存的政治体制和政治系统代表了其自身的利益时，才会积极地投身到现有政治体系中，参与到社会和国家的政治活动中，实现对现有政治权力结构的合法性授权。换言之，作为政治系统的主要意见来源之一，公民对民主政治体系的认同主要来源于公民对个人在政治系统的输入过程之中所起的作用是否认同。检验民主政治体制是否代表了自身利益、是否能够表达自由意志的最直接办法是看公民能否在政治系统运行过程中，参与政治系统运行的每个环节。即能否以要求或支持的方式进入政治系统的输入环节中，能否以影响决策或政策制定的方式进入政治系统的决策环节，能否以政策执行或意见验证的方式进入政治系统的输出环节，在面对政治系统进行政治制定和执行过程中能否以执行反馈或意见表达的方式进入政治系统的循环过程。这实际上是一个公民对在政治系统过程中的个人作用进行着功效性评估。也就是说在不断的政治行为中，公民通过自身行为的成效对政治体系能否容纳其行为和能否代表其利益进行着一定意义上的成效确认。当政治系统所提供的意见表达途径、政策制定机制、政策执行机制和执行反馈机制无法对公民的政治行为提供体制途径时，公民就会对政治权力要么采取一种冷漠的态度，要么以一种非正当的激进方式改变政治系统的机制体系，这实际上是公民对政治权力合法性确认的一种消极表达。反之，当政治系统所提供的意见表达途径、政策制定机制、政策执行机制和执行反馈机制实现了对公民政治行为提供体制途径时，公民就会对政治权力的民主代表性至少是个人利益的代表性产生积极评价，就会更积极地投入政治系统的各个环节中，从而加强政治权力的民意代表性，实现对政治权力合法性的强化确认。

（4）公民政治行为的途径设计是推动民主政治制度建设的外部环境保障

作为政治系统的重要环节，公民对各种利益的愿望必须以要求或支持的方式通过政治行为的实施成为政治决策中的重要考虑因素。这种流动的路径被戴维·伊斯顿称为政治系统的沟通通道。在这一流动路径中，每一种政治制度都会设置一定的制度模式以实现对政治沟通通道的流量控制，即公民政治行为的途径设计。这种途径设计一方面是为了确保公民参与政治的实际可能性，另一方面是为了保证公民政治参与的合法性。

作为民主政治制度建设，它包括政治管理机构的民主化建设和公民政治意见表达和参与途径通畅化等多方面的内容。作为政治系统的政治决策管理机构与其政治系统的输入输出机制之间存在着一定的相互作用、相互影响的机制体系。作为公民，要想参与到社会政治系统的过程之中就必须以一定的政治行为来实现。通过公民政治行为，一方面公民实现对社会政治活动的参与，另一方面，公民在实际的参与过程中实现了对社会政治制度中公民参与体制的成效检验。也就是说，公民通过其实际的政治行为不断地对社会政治制度的民众代表性进行检验，从而寻找社会政治制度的不足，以实现社会政治制度的改善。这就要求在社会政治制度构建中重视公民政治行为的途径设计，以确保公民能够以适当的参与方式实现其行为，从而实现对社会政治制度建设的外部监控和推进。

（5）公民政治行为的方式选择直接影响社会政治稳定

政治稳定主要是指政治体系中的政治权力在其运行过程中不发生大的变化，政治权力能够通过政治过程获得不断的能量补给，其政策制定与执行能够对社会各方面政治利益要求进行有效的整合。在这一过程中，为确保政治权力不在运行过程中出现权力的异化，偏离权利所有者制定的规则，就要求对政治权力加以制约。人类社会的政治发展史表明，只有当政治权力被置于公民权利的监督之下，才能确保政治权力主体在权力运行过程中不至于忽略权利客体的利益，凌驾于社会之上。社会权利发挥作用的关键在于公民自身权利的运作和行使，即公民通过实际的政治行为，以一定的方式实现对社会政治权力的监督和制约。面对社会政策，公民也必须通过一定的方式表达其支持或反对的态度。这就要求在社会政治体系中必须建立相应的合法政治途径以实现公民的政治参与和政治活动。

同时，作为社会政治活动的参与者，公民在政治活动和政治参与过程中必然会以一定的行为方式表达其意愿、维护其利益，也就是公民政治行为方式的选择。当社会足以提供合理的、畅通的政治途径时，公民就会以社会可接受的方式提出其主张、体现其意愿。这时就会形成权力主体与权利客体的互动，实现对权力主体的自觉维护和能量补充。但是，当实然状态的权力体系和政治架构与应然状态的公民参与难以协调一致的时候，公民的政治参与就会出现途径不畅、行为受阻的情况。此时，公民的政治活动和政治参与呈现三种样态：

其一，冷漠状态。在这一状态下，由于缺乏开明政治氛围和畅通政治途径的有效激励，公民的政治意愿和政治诉求难以表达，而且公民自身也并不执著于这种表达，或者已经因为表达的持续受阻而失去了继续参与的信心与信念，于是出现公民政治参与的冷漠与怠惰。所谓"万马齐喑"，就是这种状态的悲剧性后果；而所谓"肉食者谋之，又何谏焉"，则是对这种状态下公民政治参与漠然心态的生动描述。

其二，对峙状态。在这一状态下，一方面，公民不愿放弃自己的政治诉求；另一方面，现行权力体系和政治架构又不能有效地接受和回应这种政治诉求。在表达与拒斥的反复拉锯当中，双方形成参与僵局。这种僵局的特点是，参与者尚且保持着参与的热情，保持着相对平和的参与态势，遵循着权力系统内现行的游戏规则，所谓意见相左，大局犹存。但僵局毕竟不会持久，发展下去的结果，要么是回到"冷漠状态"，要么是导致针锋相对的第三种状态的出现。

其三，对抗状态。在这一状态下，参与者既不退出僵局选择冷漠，也不但求自保安于对峙，而是力图积极作为、打破僵局。为此，参与者不再尊重和维系现有的权力体系与政治架构，也不再遵循既定的游戏规则（这些规则已经使得游戏无法继续），他们选择了以激烈的、极端的、对达成其目的来说是更为直接有效的方式去表达和释放其政治意愿和政治主张，以某种非正常的乃至暴力的方式去实现其政治行为，于是形成公民个体乃至社会集团与政治权力的对立，颠覆对现有权力体系的认可，甚至撤销对现有权力的授权，从而对社会政治稳定产生负面的效应。

以上三种状态均为公民政治参与的异常样态。其中，"对峙状态"是中间样态，"冷漠状态"和"对抗状态"是中间样态在两个极端方向上的演进与异变。当然，三者也存在着相互转化的可能性。冷漠状态可能是对抗状态的表征与肇端，对峙状态可能是转向冷漠和对抗的潜在动因，而对抗状态一旦得到疏解，则有可能向和缓与积极的方面转化。

公民政治参与异常样态关系：

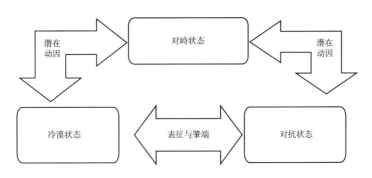

总之，公民政治行为作为社会政治活动的一种外化表现，在社会政治进程中起着一种显性的、不可忽视作用。公民政治行为及其选择的积极性、合理性与消极性、非合理性的存在，要求在社会政治活动中必须重视并引导公民的政治行为。这就要求在社会主义政治文明建设过程中，一方面，积极创造一种良好的社会政治运行机制，尽可能扩大公民政治参与的范围和途径，为公民政治行为的实施提供广阔的活动空间；另一方面，通过对产生公民政治行为的理想环境或个人政治行为理念的引导，以建立良好的公民政治行为环境和公民政治行为指导。

二 公民政治行为理念

作为行为主义政治学的一个重要理论，政治行为理念注重公民政治心理、公民政治价值和公民政治意识对人们政治态度和行为的影响，更多的是从对公民政治个体的分析中寻找公民政治行为的合理性解释，进而引导公民政治行为的实施和公民政治行为理念的构建。当今中国，正处于社会政治形态、社会政治环境、社会政治价值由计划经济向市场经济、臣属型政治文化向参与型政治文化的过渡之中。在这一现代化进程中，中国的政治现代化不仅仅是政治制度的现代化，也不仅仅是社会政治环境和政治文化的现代化，更应当包括社会政治参与主体——公民的政治心理、政治价值和政治意识也就是公民政治行为理念的现代化。

1. 公民政治行为理念的内涵及结构

相对于社会政治文化而言，公民政治行为理念在公民社会建设的过程中对社会政治人的塑造起着直接的建设作用。在一个公民社会理念和行为由朦胧到清晰的社会时代，公民政治行为理念的形成既是对既有社会政治文化的个人行动体验，也是对新兴政治文化适应性的实际检验。这种公民的政治行为理念作为一定社会政治文化的产物，对公民政治行为起着直接的指导作用，也由于与社会政治文化在构成主体、传播途径及功能上的差异，有着自身的结构和运动形态。

如果将公民政治行为理念的结构比喻为一个球体，那么核心是由政治信念、政治思想等组成的理论形态的公民政治意识层，中间是由政治规范、政治道德、政治价值和政治评价组成的政治价值层，最外面则是由政治情感、政治态度、政治动机和政治习俗等组成的政治心理层次。公民政治行为理念就是这三大层次的有机组合。

（1）公民政治意识形态

"政治意识形态是一定历史发展时期特殊的政治利益集团对政治体系和政治运动系统化的理论表达。"[①] 公民政治意识则主要指公民在政治社会化进程中所逐渐形成的对社会政治活动、社会政治结构及社会政治发展所形成政治认知、政治信念和政治思想。公民政治意识形态层次构成公民政治行为理念的主体和本质特征，指导人们进行政治价值评价和政治行为模式的选择。它作为人们关于政治事件的观点、理论和思想的总和，是对政治现实的反映和理性的把握。

（2）公民政治价值理念（政治规范、政治道德、政治价值、政治评价）

政治价值一般是指人们对政治世界的看法，它包括人们看待、评价某种政治系统及其活动的标准，并由此形成政治主体的价值观念和行为模式的选择标准。在某种政治文化影响下，社会成员在总体上都存在一种基本一致的政治价值观念，它直接影响着政治行为主体的政治信念、信仰和态度。政治价值观是一个具有多层次内涵的概念，至少应包括三个层次："人们对政治活动

---

① 戚衍等：《政治意识论》[M]，浙江人民出版社，1995，第51页。

和政治现象作用于政治行为主体而产生的价值需要关系的系统化认识和判断；它通过政治道德原则和政治习俗规范，通过政治法律制度和准则等外部表现形式，指导或限制人们的政治行为；它是政治意识形态的定性内容和带有方向性的内容。"①

（3）公民政治心理

作为社会政治生活的一种精神现象，公民政治心理是指社会成员在政治社会化过程中，人们对于社会政治生活不够深刻的、较直观的、经验的、低层次的反映形式，也可以说是阶级社会中不同阶级、阶层和社会集团对社会政治关系和政治生活的一种不系统、不典型、自发的反映形式，表现为人们对社会生活——政治现实方面的情感、态度、情绪、兴趣等，构成了人们政治性格的基本特征。

就政治心理的形成过程而言，公民政治心理是社会成员在政治社会化过程中对政治生活的心理投射，它实际上反映的是现实的政治关系、政治体系、政治行为和政治现象。而就政治心理的外在表现而言，公民政治心理常常表现为一种直观的、自发的心理反应，以一种潜在的形式出现，是对政治生活的一种不系统的、未定型的感性认识。

2. 公民政治行为理念特点分析

公民政治行为理念作为公民政治素质评价中一个不可缺少的内容，对社会政治文明建设起着主体性的作用。公民的政治行为理念是公民群体在一定阶段所形成的政治行为能力的主观总和，它是社会、经济、政治等客观现实在公民身上的综合反映。社会政治文明是由政治制度文明、政治意识文明和政治行为文明构成的有机整体。其中，制度文明是政治文明发展的体制保障，意识

---

① 陈义平：《政治人：模铸与发展——中国社会转型期的公民政治分析》[M]，安徽大学出版社，2002，第175～176页。

文明是政治文明建设的指导方针，行为文明则是政治文明建设的外部体现。众所周知，人类行为与动物行为的重大区别在于人类行为的目的性。公民政治行为的目的性就表现在公民对政治行为的选择是建立在一定的政治意识、政治情感和政治判断基础上的理性行为，这就是公民政治行为理念也可称为公民政治文化。时延春在《公民政治素质研究》中指出，"所谓公民政治文化，就是指以一定的历史—社会—文化条件下的权利义务主体对政治体系、政治活动过程、政治产品等各种政治现象以及自身在政治体系和政治活动中所处的地位和作用的态度和倾向。"①

公民政治行为理念是指公民在一定的社会经济基础上，在个人政治活动过程中，指导或影响公民采取政治行为的公民政治意识形态、政治价值评价、政治心理状况等的总和。它的形成不仅受到公民个人政治水平的影响，而且与公民个人的政治经验和所处的政治环境有着密切的联系。同时作为对人的行为产生直接影响的思维状态，它又和公民的其他观念有着极大的差异，使公民政治行为理念形成了自身的特点。

（1）区域性和群体性

即总是以地域或群体反映出来的政治观念。作为公民政治文化中的行动性因素，公民政治行为理念与公民政治文化有着相同的区域性特征。早在 20 世纪 60 年代，美国政治学家阿尔蒙德和维巴等人在对公民文化的研究中就对公民政治文化的区域性差异进行了较深入的分析，指出了公民政治文化的区域性差异。"民主政治的深层内涵，从某种意义上说，是一种文化、一种价值观和一种行为规范。"② 这种文化的区域性、民族性差异也会以一种影像投射的方

---

① 时延春：《公民政治素质研究》[M]，郑州大学出版社，2005，第108页。
② 牛海峰、赖光宝：《政治文化与公民政治参与》[J]，《漯河职业技术学院学报》2006 年第 1 期。

式在公民政治行为理念乃至政治行为模式选择上显现出来。

公民政治行为理念作为一种重要的政治行为指导往往会在其形成过程中寻求群体认同和支持。一方面，公民政治行为理念在其产生过程中就受到来自社会主流意识或社会所属群体的不断的政治灌输；另一方面，由于公民政治行为往往以团体行动的方式实施，使得公民政治行为理念必须为群体协作提出相应的心理支持。这种群体性表现为具有共同政治经济发展状况的区域人群在政治行为理念选择上的共同性。这种政治行为理念的群体性特征，既有在共同区域的政治发展环境中对公民政治行为理念的塑造性作用，也有共同经济文化状况形成的共同经济、文化群体对公民政治行为理念的影响。

（2）民族性和文化性

即公民政治行为理念的形成在一定程度上体现民族乃至宗教对政治意识及行为实施的影响。马克斯·韦伯在其《新教伦理与资本主义精神》中对基督教与民主的关联进行了论述。亨廷顿则对其中的原因进行了分析。认为新教之所以成为民主化的动因主要是基于以下一些原因：①宗教教义对公民良心和个人自主意识的培养；②宗教组织形式上的民主对培养公民的政治参与意识有巨大作用；③宗教对公民的自我奋斗精神和经济财富的获得，对促进民主制度的出现有积极作用。[①] 关于宗教对政治的影响力，恩格斯在《德国农民战争》中也谈道："教会教条同时就是政治信条，圣经词句在各法庭中都有法律的效力。……神学在知识活动的整个领域中的这种无上权威，是教会在当时封建制度里万流归宗的地位之必然结果。"[②]

[①]　塞缪尔·亨廷顿：《第三波——20世纪后期民主化浪潮》[M]，上海三联书店，1998，第86页。

[②]　《马克思恩格斯全集》第7卷 [M]，人民出版社，1995，第400页。

当然，随着社会主义制度的建立，宗教与政治的相分离，使宗教在我国成为公民个人的私事。宗教对政治的影响已越来越弱，但作为一种信仰和社会生活态度，宗教在新疆这一少数民族聚居地区仍然具有一定的影响力。新疆地区少数民族以信仰伊斯兰教为主，作为一种宗教，伊斯兰教在培养公民尤其是信教群众形成一定政治意识、政治价值乃至实施政治行为中仍有着不可低估的作用。这种宗教对政治评价的作用并不会因为政教分离而不对公民的政治评价产生影响，进而影响公民的政治参与态度和政治行为理念。随着我国在宗教管理上的自办教会原则的贯彻实施，使公民在参与教会活动的过程中提升了公民参与社会活动的能力和水平，这客观上为民主的实践提供了一定的场所。

作为公民行为重要内容的公民政治行为理念形成是政治社会化发展的产物。政治社会化的所有影响渠道，自然也包括民族文化和宗教文化，对公民政治行为理念的形成都会产生相应影响。这种社会化影响既可以是建立在共同文化基础上的民族政治文化特征，也可以是建立在共同宗教信仰基础上的宗教文化特征。

（3）阶级性

即公民政治行为理念对社会阶级利益的维护和反映。作为社会政治上层建筑中重要内容的公民政治行为理念往往与社会的阶级性特征有着密切的联系。社会政治统治的合法性认同，一方面通过政治权力的实施获得强力保证——国家政权，另一方面也要求在整个社会范围内建立起与之相适应的合法性认同机制——统治阶级价值观。这就必然会在社会主流政治意识的建构过程中融入维护统治阶级统治的价值认同观念和政治参与理念，以确保公民政治行为能够在政治权力的可控范围内展开，而不至于危害政治权力的稳定性。作为社会政治体系中的被统治阶级，为维护其阶级或阶层利益，也要求对社会主流政治意识和主流政治价值观改造，将本集团利益上升为社会利益，以实现其利益取得或维护，这也同样要求在公民的政治意识、政治价值乃至政治情感和政治态度上加以改造。不论是对公民政治行为理念的建构还是改造，它都使公民政治行为理念具有了一定的阶级性特征。

（4）历史时代性

即公民政治行为理念由于社会历史发展而在不同时期会以不同的内容和方式表现出来。作为社会文化的内容，公民政治行为理念往往与同时代的社会政治文化有着密切的联系。在一定社会制度之下，由于社会经济关系、阶级关系的历史继承性，使得公民的政治行为理念总会与一定的社会阶级观念和政治意识有着密切的关系。这种以阶级或原有政治知识为基础的政治行为理念并不会随着统治阶级改变而在人们的政治意识和政治行为理念中消除，而会对现有政治制度和意识形态形成有着一定的历史性作用。如在中国古代的君主专制体制下"民本君主"的依附型政治文化背景下产生的就是官员主导的政治行为理念，在这种理念指导下的公民政治行为更多地表现为公民在政治行为中的服从、依附。这就使得在传统的政治行为理念中，强调对政治权力的服从、忽略公民政治行为的主动性成为那一时代的特征。而在现代政治文明建设中，随着"人民当家作主"为宗旨的参与性政治文化建设的展开，就要求建立与之相适应的重视人民的政治参与，发挥公民政治主导性的政治行为理念。

（5）延续性和稳定性

即公民政治行为理念一旦形成，便具有持久的稳定性和生命力，并对以后的政治行为发生影响。作为社会意识形态的组成部分，公民政治行为理念与其他社会意识一样，有着历史的延续性和稳定性。这种社会历史的延续性，既包括我们在构建新的公民政治行为理念中必须要加以坚持的内容，也包括必须加以改造的方面。如中国传统政治文化中"伴君如伴虎"的政治意识在公民政治行为理念上表现为"政府如虎"的判断，进而使公民在政治行为选择上往往采取一种不参与或少参与的行为选择，这种行为理念就成为现代中国公民政治意识改造的重要内容。

公民政治行为理念同其他政治意识和社会意识一样，作为一种具有相对独立性的社会力量和社会现象，在对公民的各种行为选择中起着指导性和价值判断性的作用。这种延续性表现在：公民政治行为理念的发展变化与社会经济文化发展水平的不同步，使社会公民政治行为理念建设永远面临着对公民旧有政治意识进行改造的任务。历史证明，当适应社会经济发展水平的政治制度建立之后，原有的政治意识和政治行为模式并不会立即消失，还可能在一个相当长的时期内存在，并对新的政治行为理念的形成起到一定的正面或负面的影响。同时，作为一个自人类以来就不断探究的问题，公民政治行为理念存在着一些不随社会政治制度变化而变化的基本政治内容。如中国传统政治文化中对"为生民立命、为往世继绝学、为万世开太平"的公民政治责任感的强调，对"舍小家、顾大家"的公民政治价值选择的传承，对"民可载舟亦可覆舟"的公民政治权力来源的探索，这些在一定程度上构成了中国公民政治行为理念的不变与传承的基本内容。

（6）开放性和融合性

作为一种开放性体系，公民政治行为理念在其形成过程中由于受一定的社会经济发展状况影响，在其发展过程中会随着社会经济发展状况的演进而变化。在不同的时代，公民政治行为理念同样有着不同的内容和要求。同样，随着无产阶级社会地位的变化，也使得其对政治行为理念的要求和政治行为模式的选择，会在夺取政权前和夺取政权后有着不同的要求。这种公民政治行为理念上的差异一方面是由于无产阶级社会政治地位变化而引起的，另一方面则是由于公民政治行为理念建设和社会政治意识的开放性特点所决定的。这种开放性要求在新的公民政治行为理念建设中注意吸取历史的、国际的公民政治行为理念中的有利于建立社会主义政治文明的内容，真正实现对不同民族、不同地域、不同国家之间，公民政治行为理念的互动，通过国家的公民政治行为理念的融合构建一个为各民族、各团体、各阶层、各地区共同遵守和执行的公民政治行为模式，真正实现人民当家作主的政治文明建设。

3. 公民政治行为理念的功能分析

一定社会的政治文明发展程度可以透过公民的政治行为理念得到折射，而公民的政治行为理念是一个复合性的概念，包括公民政治意识形态、公民政治价值评价和公民政治心理状态三方面的内容，它们影响到公民的政治行为，甚至是公民政治素质与能力的提高，它们是公民个体行为的内在基础。

（1）公民政治行为理念直接指导公民的具体政治行为

无论是作为个体的个人还是作为群体的政治集团，为实现任何的政治目标，都要通过公民政治行为实现对社会政治生活和社会政治活动的参与来完成。在这里，人是政治行为的唯一载体。作为社会政治活动和社会历史的参加者和创造者，人的任何活动都是受一定的意识支配的。人们在社会实践的活动形成了各种各样的意识，政治意识作为一种政治方面的精神状态，会在不断的社会活动中汇集成观念、认知、心理、感情、态度乃至价值判断，就会形成一种基本的行为理念，自觉或不自觉地驱动公民这一政治行为主体，在社会政治生活和社会政治活动中以行为的方式表现和反映出来。这种政治意识的获得、政治态度的取舍、政治价值的认同、政治情感的选择是在公民政治行为理念不断与社会政治生活的互动过程中逐渐形成的。公民政治行为理念不仅对公民政治行为产生驱动作用，而且指导着公民的政治行为。任何人在进行政治行为选择时，都受到公民政治意识、政治理想、政治信念、政治情感的固化影响，这种影响对人们的行为目标和行为方式选择时时起着指导性作用。

21

（2）公民政治行为理念是公民政治素质的重要内容

公民政治素质是指"公民对自己所承担的政治义务和所享受的政治权利的理解、把握、反映和监督行动等情况的总和，是公民在政治生活中培养出来和必须具备的个体特质"①。公民政治素质就其内容而言，应包括公民政治意识和公民政治行为两部分内容。要想实现"人民当家作主"这一政治文明建设的重大目标，不仅要求公民具备一定的政治意识和判断水平，确立正确的政治信仰和政治价值，更要求培养公民积极参与社会政治活动的主动行为能力，使社会民主政治建设成为一种实际的活动而非仅仅是意识的推演。这就使公民政治行为能力建设和政治行为理念培养成为检验公民政治素质和社会民主程度的重要环节。从此意义上说，公民政治行为理念建设是公民政治素质建设中由意识到行动的直接桥梁。因此，公民政治行为理念的培养在社会主义政治文明建设过程中有着特殊的重要意义。

（3）公民政治行为理念是社会主义政治体制改革的心理基础

从人类社会的历史发展过程来看，社会政治的发展不仅取决于社会政治制度的不断发展和完善，而且取决于社会政治意识的传播和人们的民主意识和民主素养、人们的自主意识、人们的价值观念及人们的心理态度。如果人们缺乏必要的政治知识，对政治缺少应有的理解和认识、政治观念淡漠，对政治不感兴趣，不愿参与到社会政治活动中来，就很难形成政治权力的民主授权，从而使社会政治体制改革成为政府一厢情愿的政治游戏。社会政治发展和社会政治体制改革的动力来源于公民社会政治的参与，因为只有社会公民的普遍政治行动才能为社会政治体制改革提供方向和支持。公民政治行为理念中对社会政治价值和社会政治信

---

① 时延春：《公民政治素质研究》[M]，郑州大学出版社，2005，第13页。

仰的追求为社会政治发展提供的价值性指导，实际是对社会政治改革的预期性要求。当这种理念要求在社会政治改革中得以体现时，社会政治改革就会促使公民更积极地参与到改革进程中，从而为社会政治体制改革提供合法性支持。反之，则是社会政治改革的民主性和公众性受到质疑，使社会政治改革失去民众支持，进而产生对现存社会政治制度的否定性判断，最终失去公民对社会政治权力的授权。

三　政治文化与公民政治行为理念的联系与区别

政治文化作为人类政治文明发展的主观意识和心理表征，它是"人们政治行为和行动的政治价值追求导向"[①]。因此，政治文化的全部内容无论从结构还是内容上都对公民政治行为理念有着鲜明的指导作用，可以说公民政治行为理念的形成正是政治文化在公民政治和市民社会中的个人化结果。但就二者的研究范围而言：政治文化更注重对社会整体政治意识和政治环境的塑造与分析，其政治参与主体不仅包括公民而且包括政治家和政治官吏；公民政治行为理念则主要探讨作为社会政治大众的公民个人用以指导和实施其政治行为的思维性要素。

1. 公民政治行为理念是在公民政治活动中的行为指导，是政治文化的实际体现

阿尔蒙德在 1956 年出版的《比较政治体系》中对政治文化的概念赋予了现代含义，提出政治文化是一定政治体系人们的特定政治行为模式，对个人而言则是个人对政治现象、政治行为和政治评价的主观意识倾向。在以后的《比较政治学：体系、过

---

① 杨弘、刘彤著《现代政治学分析基础》[M]，人民出版社，2004，第 308 页。

程和政策》（第二版）中，阿尔蒙德对政治文化下了这样的定义："政治文化是一个民族在特定时期流行的一套政治态度、信仰和感情。""这个政治文化是由本民族的历史和现在社会、经济、政治活动过程所形成的。人们在过去的经历中形成的态度类型对未来的政治行为有着重要的强制作用。政治文化影响各个担任政治角色者的行为、他们的政治要求内容和法律的反应。"①

（1）政治文化对公民政治行为理念的形成具有结构上的指导作用和规范作用

公民政治行为作为一种对社会政治判断后的行为模式，其行为由认知经判断到实施的过程，实际是一个公民政治行为理念与社会政治文化的互动过程。在公民的政治社会化过程中，社会政治文化以观念、价值、行为标准等多种行为标准的要求对公民政治行为理念进行着改造与构建，使公民形成了自身特有的政治行为理念。因此，这就使公民政治行为理念无论在体系上还是在过程上都与社会政治文化有着许多相同之处，公民政治行为理念实际是社会政治文化在公民行为中的理论内化。因此公民政治行为理念与社会政治文化在传播途径和构成要素上有着基本相同之处。

（2）政治文化通过对公民政治行为理念的改造实现政治社会化

公民社会政治理念包括公民政治行为理念的形成过程，实质是社会向其成员传输政治文化规范，从而使政治统治体系得以维持、延续的过程。"任何一个政治共同体如果要存在、发展下去，都会要求它的成员能够把必需的政治价值观念和政治技能代相传递。出于这一需要，任何一个政治统治体系都赋予它的一些

---

① 加布里埃尔·A. 阿尔蒙德等：《比较政治学：体系、过程和政策》［M］，上海译文出版社，1987，第29页。

专门机构以政治社会化的功能，把政治体系的基本精神传输给每一个成员，使之成为符合社会政治生活需要的政治人。"① 社会政治文化的这一传播过程，实际是社会政治文化与公民政治行为理念之间的一个互动过程。一方面，社会政治文化决定公民政治行为理念的基本内容和政治行为评价标准。社会政治文化通过学校、大众传媒等政治社会化专门机构，以主流政治的优势地位实现对公民基本政治意识和政治心理的教育灌输，确保了公民政治行为理念与社会主流政治意识的一致性。另一方面，社会政治文化的组织性和群体性特征，决定了公民政治行为理念的实践过程、方式和手段。社会政治文化在对公民进行政治社会化改造过程中，重视通过一定的实际政治活动或公民政治参与，实现对公民基本政治理念的传递，这种传递方式也在一定程度上成为公民政治行为选择的首要途径。这使得公民在面对主导政治文化传播时，所能表现出来的积极作用，更多的是针对性地选择政治文化信息，选择能满足其需求的政治社会化组织和群体，通过扮演政治统治体系所认同的角色来接受这种政治文化，因而起到角色约束的作用。

（3）公民政治行为理念的调整与变化促使社会政治文化实现变革

社会政治文化是公民政治行为理念产生于实践的社会土壤。作为政治社会化的互动环节，当社会政治文化对公民政治行为理念进行构建与塑造的同时，公民政治行为理念也在多方面对社会政治文化发生着作用。一方面，公民政治行为理念的发展不仅随社会政治文化的传播而产生，而且由于公民的个人认知及经验差异，使公民在政治文化传播中实现传播途径的多样化

---

① 陈义平：《政治人：模铸与发展——中国社会转型期的公民政治分析》[M]，安徽大学出版社，2002。

选择，并且通过对社会政治文化的能动发展，促使政治文化传播途径实现多样化发展；另一方面，社会政治文化的政治社会环境的最终目的，是通过对公民的教育和政治人的塑造实现公民社会的建立，公民政治行为理念正是社会政治文化实践发展的必经途径。

2. 公民政治行为理念与政治文化的差异性分析

尽管公民政治行为理念与社会政治文化在分析结构上有着多方面的相同之处，但公民政治行为理念与社会政治文化却无论从参与主体还是功能结构上都有着许多的不同之处。

（1）公民政治行为理念和社会政治文化的研究及传播主、客体上的差异

公民政治行为理念的传播及实践主体就其范围而言，远小于社会政治文化。社会政治文化的政治社会化进程，实质是社会政治统治体系对公民及社会团体的社会价值理念及社会政治行为选择的灌输过程。在这一过程中，社会政治统治体系是整个社会化的主体。在社会政治文化传播过程中，公民、社会政治团体、政治权力结构，构成社会政治文化传播的全部主体。公民政治行为理念主要是社会公民个人对社会政治现象及社会政治行为的判断及选择，因此就公民政治行为的单一主体而言，不包括政治权力结构及公民政治团体的参与行为，其客体则有可能是个人、团体或社会政治权力结构。

（2）公民政治行为理念与社会政治文化在结构模式和传播途径上的差异

尽管公民政治行为理念与社会政治文化在结构模式上有着基本相同之处，但由于二者的主客体差异使公民政治行为理念在结构体系上与社会政治文化也有着差异之处。一方面，相对于社会政治文化而言，公民政治行为理念在功能结构考察中，主要侧重于公民个人的政治意识、政治行为和政治价值的构建，对社会整

体结构的分析则主要是通过公民与社会的互动进行考察。另一方面，公民政治行为理念的社会传播途径，主要以公民参与和个人交流为主要途径，对社会舆论、家庭乃至个人等政治社会化途径进行公民与社会互动的途径分析。

（3）公民政治行为理念与社会政治文化在功能实践中的效能模式具有一定差异

社会政治文化就其功能而言主要有三个方面，即"政治统治体系支持功能、政治稳定功能、政治发展功能"①。这种功能的实现主要是以最终培养出与现存社会政治体系相适应的政治人为根本目标，以社会政治体系按照主流政治意愿加以改造为主要进程，以主流政治文化通过对社会政治团体乃至个人的政治意识、政治心理、政治价值的塑造为表现形式，以社会政治文化通过政治社会化的方式促使社会政治主体对社会政治体系进行一定的合法性认同为最终目标，其整个过程是社会政治文化对公民乃至社会团体的全部政治见解、主张、价值、观念、行为的主动性改造。

相对于社会政治文化而言，公民政治行为理念在其功能考察和作用对象上有着根本的差别。

首先，公民政治行为理念的功能作用对象主要是公民政治行为，通过对公民政治行为的改造实现对公民参与社会政治的途径及方式的改造，进而影响社会政治文化功能的发挥。因此公民政治行为理念对社会政治文化的理性互动是社会政治文化实现社会政治体系合法性认同的必经途径。

其次，社会政治文化的最终目的是实现对公民政治素质的改造。而作为公民政治素质的重要环节——公民政治行为理念的形成正是社会政治文化社会化在公民个人身上的体现。这就要求社

---

① 参见杨弘、刘彤著《现代政治学分析基础》[M]，人民出版社，2004。

会政治文化在其政治社会化途径中必须考虑政治文化对公民政治
行为理念的塑造和互动。

再次，社会政治文化的政治体系支持或政治稳定功能，都依
赖于公民对社会政治体制的判断、评价和积极参与，这一过程又
是在一定公民政治行为理念基础之上方能进行和完成的。因此公
民政治行为理念功能的实现是社会政治文化功能实现的先决条
件。

第二章　新疆公民政治行为
理念特征研究

　　新疆，古称西域，历来是多民族、多宗教并存的地区。多姿多彩的民族历史文化传统，滋养了新疆各民族多样化的政治行为理念。新疆自古以来就是中国的一部分，新疆各民族是中华民族的有机组成部分，新疆少数民族文化的多元性与中华民族文化的一体性互为依托，构成了各族群众政治行为理念的本质内涵。各少数民族利益的特殊性与国家意志的普遍性的辩证统一，昭示了新疆公民政治行为理念的基本特征。

　　加强新疆公民政治行为理念建设，必须正确理解和把握新疆各族群众政治行为理念的时代特征，也就离不开对新疆少数民族多元文化背景的历史考察，进而研究发现影响新疆公民政治行为理念建设的历史文化条件，从中探索并发掘社会转型时期人们政治行为理念中民族性与国家意志的契合点，最终为建设新疆各民族文化多元一体、和而不同、共同繁荣的和谐社会提供强大的理念支撑和实践支持。

一　多民族、多宗教的历史文化传统孕育了
新疆各族群众多元交融的政治行为理念

1. 连通东西的地理位置和多民族多宗教的历史沿革日渐内化为新疆各族群众政治行为理念的地域特色

　　新疆地处祖国西北边陲，面积逾 166 万平方公里，约占全国

陆地面积的六分之一。巍峨的天山东西绵延、横亘于新疆中部，把新疆分为宜于放牧的北疆和宜于农耕的南疆两个地理区域；南有雄浑的昆仑山，北有富饶的阿尔泰山，西有壮阔的帕米尔高原，将新疆聚拢为一个相对独立的地理单元。穿过西边众多的山谷隘口，新疆可与中亚、南亚相通；往来于东面的河西走廊和蒙古草原，新疆能与中原及漠北连成一体。新疆独特的地理位置使得它自古以来就扮演着沟通东西孔道的重要角色，古丝绸之路沿天山南北麓和昆仑山北缘贯穿新疆，极大增进了中国与中亚、南亚、西亚、北非乃至欧洲的经济文化交流，东西方文化在此碰撞聚散，也让历史上的新疆成为多种文明荟萃的地方。

据史籍记载，自先秦以来，曾有羌、塞人、月氏、乌孙、姑师、汉、匈奴、柔然、高车、厌哒、吐谷浑、吐蕃、突厥、粟特、黠戛斯、回鹘、契丹、蒙古、维吾尔、哈萨克、乌孜别克、满、锡伯、达斡尔、塔吉克、塔塔尔、俄罗斯等众多民族在新疆大地上繁衍生息。他们或以游牧为生，逐水草而居，纵横驰骋于山地草原，或以农耕为业，垦绿洲为田，辛勤劳碌于俭朴自足的生计。沧海桑田，世事变迁。很多新疆古代民族在历史长河中强盛一时，后来却湮灭了，有的远徙他乡，更多的则融入到后世兴起的民族当中，他们共同凝聚成当代新疆民族多元化的血脉渊源。

不仅如此，畅通顺达的东西文化交流，还使得新疆自古以来就成为多种宗教浸漫的地区。早在伊斯兰教传入之前，祆教、佛教、摩尼教、景教、道教等多种宗教就相继沿着著名的丝绸之路传播到新疆，并与当地的萨满教等原始宗教一起在各地流传，形成了多种宗教并存的格局。伊斯兰教传入后，新疆不仅继续维系了多种宗教并存的局面，而且又有基督教、天主教、东正教等宗教传入，进一步丰富了各族群众宗教信仰的多样化取向。

新疆地域广袤，山川俊秀，草场丰美，绿洲棋布，历史上曾出现过众多类似于城邦的地方政权——譬如汉代的"西域三十六国"，它们各自相对独立，又在一定时期和相当程度上依附于当时比较强势的北方游牧民族统治集团。从西汉开始，中原王朝在西域设官置守，派兵戍卫屯田，新疆纳入中央政府管辖，匈奴、突厥、吐蕃等游牧势力在与中央政权争夺新疆控制权的较量中败下阵来。南北朝至唐代，郡县制在新疆推行，元朝在新疆设行省，明朝置哈密卫，清朝首推军府制，最终在新疆建省，中央政府对新疆的统治日益巩固，随之形成了中原汉文化和西域及中亚、南亚文化相互交融浸淫的局面。在这个过程中，佛教文化经新疆传入内地，新疆富于宗教和地方色彩的音乐、舞蹈、艺术、建筑等文化元素东出阳关，为中国文化传统添加了浓墨重彩。与此同时，中原汉文化亦远播新疆，其中，东传中原的佛教文化在与汉文化碰撞融合后，又转向西渐，对古代新疆政治经济文化的发展和各族人民的生产生活产生了深远的影响，特别是 10 世纪后伊斯兰文化的兴盛，进一步丰富了新疆少数民族文化的地域特色。

新疆的历史地理环境及文化传统，深刻影响到历史上各族群众政治意识和政治观念的形成与演变。在有文字记载以来的相当长的历史时期里，新疆的社会生产力一直在较低水平徘徊，人与人之间的关系在有些地区表现为浓厚的封建社会、奴隶社会甚至是氏族社会的色彩，其核心是生存理性居于主导地位，人们的自我角色认定一般是以氏族、种族、民族的整体面目出现的，因为群体的存在是个体生存的前提和保障。换言之，支配人们政治行为选择的政治行为理念必然建立在个体依靠群体生存的共同利益取向的基础上。也就是说，在严酷的生存挑战面前，人们对个体利益与群体利益相互关系的把握还很难达到自觉的程度，人们服从群体利益的政治信念和政治信仰往往是无条件的，纯粹意义上的自我意识和自主选择几乎是不存在的，因此，从众心理和从众行为是人们政治行为理念的主流，而个人作为政治参与主体的地位还不得彰显，遂不能孕育严格意义上的公民政治行为理念。

新疆的历史地理环境及文化传统，造就了新疆各族群众的政治行为理念的地方性、边缘性、依附性和兼容性。一方水土养一方人。古往今来，新疆各族群众对赖以生存的家园及所属部族、民族的归属感，演化成其政治行为理念的地方性特点，表现为对家园故土的眷恋和对部族、民族无比信赖的情感，当然，这种政治理念的地方性同时蕴含了排他性；对于中央政府乃至对于暂时据有新疆的其他统治势力而言，新疆均不属于其政治统治的中心地区或主要区域，即便是历史上政治统治比较得力和国家统一比较巩固的时期，新疆也始终处于中央政权统治的边缘地带，其在国家政治天平上不大可能获得与中心区域同等重要的地位，这不可避免地在少数民族群众政治观念上烙下深刻的印记，并长期积淀成可能被边缘化的政治忧患，从而影响到人们政治行为理念的形成；而对于长期生于斯长于斯的新疆各族百姓来说，这种由地理原因导致的边缘化除了在人们的内心深处打下被疏远的不良痕迹，在外力作用下还容易衍生出分离倾向，另一方面，在面对强敌劫掠的情况下，还可能催生出对中央政权更强烈的依附性，唯恐被中央政府疏忽甚至遗弃；由于受到中原文化、北方游牧文化、中亚南亚文化等共同影响，新疆各族群众的政治行为理念还表现出对多元文化的兼容性，其政治行为理念在核心价值取向上既受多种文化条件的制约，同时，坚持爱国主义的方向又是以一贯之的根本原则，并在人们政治行为理念中占有举足轻重的地位。

2. 国家大一统格局与皇权至上理念强化了新疆各族群众对中央政权的认同感和向心力

公元前60年，西汉设立西域都护府，新疆正式归于中央政府管辖。在此之前，汉朝与匈奴连年战争，汉武帝派张骞出使西域，细君、解忧公主远嫁乌孙，西域使节到长安觐见汉朝皇帝，都表明中原王朝已经开始对新疆施加日益强大的政治影响力。随着对匈奴战争不断获胜，汉朝逐步取代了匈奴对新疆的控制权，迫使匈奴从新疆撤出了"童仆都尉"。由于采取了完全不同于匈奴统治者横征暴敛的统治方式，比较尊重本土政治势力，更加看重地方势力政治归顺的形式，所以，在汉朝与匈奴争夺对新疆控制权的过程中，往往得到新疆各地方势力的配合与支持，他们愿意归顺汉朝的政治立场十分明确，这从东汉国力渐衰，匈奴卷土重来，中央王朝欲从新疆撤退官署兵吏，而新疆各族百姓纷纷跪求班超继续留守，宁与匈奴奋力死战的故事中便可见一斑。当然，军事力量壮大的背后，离不开国家雄厚的经济实力作保障，事实上，中央政权之所以能够在新疆设官置守，新疆各地方势力之所以臣服归顺，固然缘于他们无法与中央政权进行武力抗衡，但也并非完全慑于军事征伐，根本的原因乃在于他们派往汉朝的使节带回了中原王朝百业兴旺、富庶繁荣的信息，中原地区先进的生产方式和较高的生活水平令他们深为叹服，至于中原王朝比较成熟的典章制度更是他们心仪已久的，因此，中原王朝成了他们心驰神往的地方。西汉时期，新疆有很多地方统治者纷纷把王族子弟送到汉朝去做"质子"，名为表示政治归顺的人质，实际上类似留学生，享受比较优厚的待遇，他们一般用数年时间全面接受汉家礼仪规范的熏陶，了解体察中原典章制度的真谛，回到故国后即行效法，为中原文化在新疆的传播提供了很好的平台，这方面，莎车王延、康父子对中原文化的大力倡导堪称典范。

魏晋南北朝至隋唐，是中国北方民族大融合的重要时期，也是中国文化全面开放、异彩纷呈的重要时期。显然，当时生活在新疆的古代先民们普遍参与到这一波澜壮阔的民族融合进程之中，或不可避免地受到这一进程的强烈影响。从地理概念上讲，新疆与长城以北地区同属广义的中国北方范畴，这里也是众多游牧民族东西往来的共有家园和文明发祥地。华夏文化的全面开放，一是指向北开放，与游牧文化融合，另外，更重要的是向西开放，与南亚、中亚、中东文化乃至欧洲文化进行交流，在海路开辟之前，新疆一直是中国向西开放的重要门户和窗口。这一时期，中亚、南亚文化东传新疆的步伐明显加快，与沿丝绸之路西进的中原汉文化在新疆相遇融合，再生成独特的西域文化东渐中原，如此循环往复，形成蔚为壮观的东西、中西文化交融景象。

众所周知，自公元前60年新疆纳入中国版图，新疆就一直处在国家大一统的历史格局中，成为中国不可分割的组成部分。在中央王朝国力强大、能够对新疆实行有效控制的时期是这样，即便在中央王朝相对衰落的时候，中央政权暂时不能对新疆进行直接政治统治，新疆的地方势力也会因袭历史的惯性，自觉地把自己当成中央王朝的臣属，年年朝贡不辍，人员往来不断。北宋时期新疆的高昌回鹘国王称中原皇帝为"大阿舅"，把高昌王国与宋朝的关系比作甥舅关系，共叙一家亲情。喀喇汗朝国王也自称"桃花石汗"（有人认为"桃花石"是鲜卑"拓跋氏"的音译），意为中国之王，明白无误地把喀喇汗朝属地看成是中国的一部分。辽国在与金人作战中失败，辽国贵族耶律大石率众西迁，在新疆建立西辽政权，带来了先进的农耕文明和近乎中原的生活方式，繁盛一时，对新疆的发展产生了重要影响，新疆各民族便习惯地把他们与汉人联系在了一起，认为从东方来的人都是汉人，维吾尔语中汉人这个词就是"契丹"的音译。

可以说，两千多年来，新疆与祖国内地的关系始终循着一条鲜明的主线，那就是对中央政权和华夏文明正统地位的认同，并与中国历史上其他边疆地区一样，表现出相当程度的内聚性。这一方面固然有文化水平、文明程度差异产生的影响，另一方面，更主要的原因还在于儒家大一统思想和皇权至上的政治理念对新疆各民族政治理念的潜移默化，毋庸讳言，中央王朝对新疆的直

接统治从中发挥了至关重要的作用。不难看出，汉代以后，新疆
作为中央王朝疆域的组成部分，其地方势力的治理模式日渐受到
中原的影响，并逐步以皇权政治为施政蓝本，另外，很多原本游
牧的民族慢慢转入农耕的定居生活，各族百姓对地方政权的臣服
与对中央王朝的归顺在本质上是相通的，许多地方统治者都领有
中央王朝颁发的印绶，他们实际上是具有特殊身份的中央政府官
员，颇类似于分封的诸侯，这就进一步强化了新疆各民族对中央
政权的归属感。在唐代，诸多出身新疆的少数民族人士在中央政
府担任地位显赫的文官和武将，平定安史之乱过程中，来自新疆
的少数民族部队加入政府军行列，为平叛立下大功，唐朝统治者
从没有把他们当成异族看待，他们也没有身在异邦征战的感觉。
清朝大军驱逐浩罕军官阿古柏对新疆的入侵，在南疆沿途得到维
吾尔族群众的热情迎接和大力支持，加速了"哲德沙尔"伪政
权的灭亡。这方面的例证还有闻名于世的土尔扈特东归、吐鲁番
郡王额敏和卓帮助清朝平定准噶尔叛乱等，都充分说明新疆各民
族政治行为理念的核心就是对中央政权的政治认同。

　　诚然，历代中央王朝对新疆战略地位的认识是有差异和反复
的，有时还充满了自相矛盾，这对新疆各民族政治行为理念产生
了重要影响。由于军力、国力以及其他一些因素的限制，即使在
素称强盛的汉唐时期，中央政权对新疆的直接控制也是相当吃力
的，军队和派驻官员耗费巨大，物资供应常常难以为继，一次军
事征伐动辄耗时数年。于是，中央政权不得不实行变通的办法，
也就是对实行郡县制以外的地方更多地采取"羁縻"政策，即
主要看重名义上和形式上的归顺，各地在很大程度上实行自治，
他们一般可以自行养兵征税，只要认可中央权威、不发生叛乱就
行。应该说，这种松散的统治管理实出无奈，至少造成了三个后
果：一是新疆各地方势力对中央政权的认同度打了折扣，助长了
其自我独立和分离倾向；二是新疆各地方势力比较容易受到第三

方势力的挑拨离间，对国家统一构成威胁；三是在国家处于内忧外患的情况下，中央政权顾此失彼，统治集团中的有些人往往对新疆的重要性做出错误判断。纵观新疆历史，各族人民对中央政权的政治认同与一定程度的分离现象始终交织在一起，这种和而不同且多元一体构成了各族群众政治行为理念的根本内涵。正是因为这种政治认同是相对的、有条件的，才使得国家统一在对立统一的矛盾运动中得以巩固，也使得中央政权对新疆的统辖管理不敢有一刻放松，发生在清朝末年那场著名的"海防塞防之争"，最终以左宗棠为代表的守疆派获胜，"唇亡则齿寒"的道理为后世谨记，也为新疆建省打下了坚实的政治基础。此举根本扭转了历代以来对新疆战略地位的把握忽重忽轻、左右摇摆的状况，给妄图分裂中国的外部势力和试图从中外纷争中渔利的地方分离势力发出了明确的政治信号，那就是中央政权在任何情况下都不会放弃新疆，也绝不允许任何人把新疆从祖国分裂出去。这种把新疆的命运与国家命运合于一体的政治决断，进一步明晰了新疆各族群众的政治理念，强化了国家统一意识，也为后世治理新疆奠定了坚实的思想基础。

3. 民族区域自治制度和党的民族宗教政策凝聚了新疆各族群众普遍的政治诉求

从鸦片战争到新中国成立的百余年，是中华民族饱受屈辱和磨难的时期。在内忧外患不断加剧、各种政治势力纷纷粉墨登场、国家统一危机四伏的局面下，新疆与中央政权的关系无疑更能反映各族群众政治理念的真实取向。历史证明，在中央政权式微，地方势力对新疆的影响力不断增强的背景下，在境外敌对势力阴谋策划把新疆从中国分裂出去的逆境中，新疆各族群众维护祖国统一的立场是坚定的，反抗外来侵略的态度是鲜明的，这从塔城人民火烧沙俄贸易圈、和田策勒村人民剪除沙俄暴徒和南疆各族群众配合清朝大军驱逐阿古柏侵略等斗争中都能得到印证。

另外，当时主政新疆的官员特别是行政首脑为维护新疆稳定所采取的政策措施，也对新疆各族群众的政治信念、政治态度、政治心理产生了深刻的导向作用，直接影响到他们政治行为的选择。譬如，杨增新主政新疆时期，采取了符合新疆实际的政策，坚持依靠新疆民族宗教界上层，团结大多数，发挥他们维护国家统一的积极作用，对各族百姓采取轻徭薄赋的举措，尽量压缩一小撮分裂势力的市场，同时，不参与内地军阀的混战纷争，千方百计排除俄、英等外部势力对新疆的渗透，以巩固内部的稳定消除外部的觊觎和干扰，保证了国家统一的大旗矗立不倒。而到了金树仁统治时期，完全背离了此前行之有效的治疆方略，大行裙带之风，疏远民族宗教上层，官僚贪腐盛行，对百姓横征暴敛，致使民心尽失，各地分离倾向逐步显现，政令不能通行，混乱不可收拾，泛突厥主义、泛伊斯兰主义思想甚嚣尘上，民族分裂分子伺机作乱，一度出现自立一隅的"东突厥斯坦伊斯兰政权"，为后世开了一个恶劣的先例，究其原因，违背时势与民意，损伤百姓的信赖，当为主要教训。水可载舟，亦可覆舟，此理不以中土与边疆为移，民为邦本，本固邦宁，焉能不慎！

中国共产党认真贯彻马克思主义民族理论，从新疆历史和现实发展的实际出发，坚持各民族无论大小一律平等的政策原则，创造性地制定和完善了民族区域自治制度，并把它作为国家的基本政治制度，1955年新疆维吾尔自治区成立，开辟了新疆历史发展的新纪元。应该说，在新疆实行民族区域自治，充分考虑了历史因素，照顾到新疆特殊的区位特点，充分尊重新疆各民族的历史传统、情感诉求和利益关系的特殊性，充分考量各民族文化多元性与中华民族文化一体性的关系，从而保证了新疆能够因循历史的惯性平稳发展。显而易见，从国家统一的政治构成上看，民族区域自治无疑有其特殊意义，突出了少数民族自我治理的特点，这是前所未有的创举，可是，从传统的中央集权的文化底蕴上分析，它又与非民族区域自治地方没有本质上的区别，因为中央集权和国家统一历来是中央与地方矛盾统一的结果，消除地方分离乃至分裂倾向从来都是中央权威和国家统一得以维系的关键，因此，民族区域自治绝非民族独立，认同国家统一始终是其政治底线，也是其稳定发展的前提。

必须看到，近代以来，随着西方列强的殖民侵略，世界各地反抗殖民统治的民族独立和解放运动强烈地诱发了各民族的民族意识，加之欧洲有关单一民族国家思想的影响，使得殖民地各民族对内的自我认同性与对外的排他性成了民族意识觉醒的最明显特征。对此，西方列强往往采取推波助澜的策略，煽动多民族国家的民族隔阂与民族仇视，策划民族分裂事端，乘机从中渔利。当然，由殖民掠夺导致的民族意识的勃发也催化了殖民地国家对西方列强的坚决抵抗。在新疆，与民族意识觉醒相伴随的是国家主权和尊严的不断丧失、西方列强对中国领土和物产的蚕食鲸吞、中央政权对边疆地区统治的力所难及，同时，还有泛伊斯兰主义、泛突厥主义思潮对新疆大肆渗透，这种鼓吹建立政教合一的伊斯兰帝国的思想原本是为了反抗列强的侵略，后来则逐步演化为多民族国家民族分裂的思想渊薮，反而为帝国主义所利用，民族分裂分子也沦为帝国主义的帮凶。于是，大小和卓叛乱、张格尔叛乱、阿古柏入侵直至"东突厥斯坦伊斯兰共和国"出笼，就毫不奇怪了。

民族区域自治制度的确立，既非强制认同，亦非放任自流，而是承认各少数民族语言、文化、风俗习惯的自主发展，承认各少数民族的意识、感情、心理的自我认同，承认各少数民族拥有自己的特殊利益，与此同时，更把各民族历史文化的发展看做是中华民族历史文化发展的有机组成部分，把各民族经济社会发展融入全国经济社会发展的大格局中，并采取倾斜和照顾的特殊政策措施，充分保障各少数民族的各项权益。这种把维护国家统一的普遍性原则与各少数民族自我发展的特殊性要求相统一的做法，既是对马克思主义民族理论的成功运用，也是对中国历代治疆方略的尊崇与升华，实现了新疆各族群众政治行为理念与国家大一统思想的完美结合，坚定了各族群众对党的领导的信任和对社会主义的信念。

一方面，中国共产党努力践行马克思主义宗教理论，奉行宗教信仰自由政策，在法律上明确公民拥有信仰宗教自由的权利。新疆历来是多种宗教并存的地方，一直呈现出少数民族信教群众多、宗教对人民群众生活影响大的特点，尤其是伊斯兰教对新疆社会生活影响深远，甚至直接影响到各族群众政治理念的取向。党的宗教政策充分尊重信教群众的信仰自由，坚持保护合法、抑制非法、打击犯罪，坚持团结保护合法的大多数、孤立打击非法犯罪的极少数，积极引导宗教与社会主义社会相适应，牢牢把握马克思主义在意识形态领域的主导权，维护了正常的宗教秩序，使宗教活动始终沿着规范化、法制化的轨道开展，最大限度地消除了宗教对政治的消极影响。回顾历史，不难发现，无论中央政权还是新疆地方政治势力，都对宗教采取了宽容的政策，发掘和利用宗教对于化解社会矛盾、维护政治统治和保持社会安定的重要作用。在一定历史时期，还出现了鼓励宗教发展的趋向，魏晋南北朝以至隋唐时期，新疆佛教大兴，统治者以佛教教义教化百姓，叫人忍耐、认命、奉献，把服膺佛祖与服从统治者等同起来，各地大规模兴建寺院，优先保证僧侣的供奉，新疆俨然成了印度之外的又一个佛教中心，龟兹、高昌、于阗等地的高僧纷纷前往内地传教，直接推动了佛教在中原的传播。另一方面，所谓矫枉过正，这种政府鼓励宗教发展的做法固然对于维护政治稳定起到了一时之效，但大批劳动力出家为僧却使得社会生产难以为继，僧侣阶层不劳而获，造成僧侣阶层与劳动群众的尖锐矛盾，为佛教的衰落埋下了伏笔。伊斯兰教是在佛教衰落的基础上兴盛起来的，它在新疆的传播和发展带有更强烈的政治色彩，它采取了军事征服、政治镇压、强迫改变信仰的办法，把宗教传播与政治统治合二为一，把宗教传播与民族认同联系起来，使得新疆从喀喇汗朝开始的伊斯兰化的进程始终带有强烈的排他性，也使得新疆信仰伊斯兰教的少数民族比以往任何时候都更在意其民族属性的特殊性，在政治上表现出比较明显的自我保护意识。不仅如此，由于伊斯兰教的中心在中东阿拉伯地区，加之伊斯兰教传播过程中把宗教认同、民族认同、政治认同交织在一起，使得新疆皈依伊斯兰教的各少数民族的政治价值取向发生了重大转变，他们逐步从秦汉以来的以中原为中心转而向中亚波斯阿拉伯世界寻求政治寄托，信仰伊斯兰教的各族群众政治理念中融入了新的元素，并向中央政权的政治认同发起空前的挑战。然而，在中华文明令人称奇的内聚力面前，打着宗教旗号的政治军事征服很快成了强弩之末，并没有出现预料中的伊斯兰教与华夏文明势如水火般的泾渭分明，如同海纳佛教一样，伊斯兰教很快便似江河入海，无声地汇入中华文化的宽阔胸怀。也就是说，伊斯兰教的汹汹来势，并没有遇到中华文化对它横加排斥的借口，也因此失去了分离自立的理由。不可否认，基于我们认识上的误区，一定时期也曾出现过试图用行政手段限制和消灭宗教的偏差，结果当然是适得其反，嗣后，政策的断点招致了宗教的反弹，甚至一度引发宗教狂热，酿成比较突出的民族问题。值得庆幸的是，民族宗教政策很快回到正确轨道，民族、宗教问题的处理和解决始终掌控在国家统一的政治框架内，那些把民族宗教问题与"人权"挂钩进而挥舞"人权高于主权"的大棒向我国施压的图谋，终不能得逞。

4. 维护稳定和促进发展增强了新疆各族群众共建中国特色社会主义的信念与信心

经典作家指出，民族不仅是拥有共同文化心理的人们的共同体，还是拥有共同经济社会生活的群体。归根结底，共同的利益追求把他们紧紧地连在了一起。各民族的政治理想、政治信念、政治心理往往与其生存状况和生存目标息息相关，更好地实现各族群众共同的利益追求不但可以增强各民族的内聚力，而且可以奠定各族群众政治行为理念的坚实基础。

从世界范围看，"生存第一"从来都是构成各民族政治行为理念的不二法则。一方面，新疆历史上，众多民族熙来攘往、融合共处，有时也兵戎相见，很大程度上都是从生存需要出发的。先秦两汉之际，匈奴单于在新疆设立"童仆都尉"，对新疆各方国横征暴敛，为匈奴贵族的奢华生活及其发动的对中原的劫掠战争提供了重要的物质保证。汉武帝时期谋划经略新疆，开始时主要的想法并非据有新疆，而是要联络受匈奴迫害而西迁的大月氏和与匈奴结怨的乌孙共同抗击匈奴，"断匈奴右臂"，彻底解除匈奴对汉朝北部边疆的威胁。而从新疆各地方势力及各族群众与中央政权的关系及对中央王朝的态度上看，也不难发现他们择强而从的功利心态，在中央王朝势力相对衰落、北方游牧势力比较强盛的时候，他们与中央政权的关系会出现摇摆，这一点在唐末和宋、明时期比较明显。另一方面，恐怕并不能武断地把这种生存选择定义为所谓的民族分裂，也不应该据此怀疑新疆各族群众对中央政权的信任和忠诚，反倒值得对中央政权何以会失去对边疆领土的控制力进行反思，从诿过于人转而反躬自责，方不致失之偏颇。在新疆纷繁复杂的政治历史格局中，有一条线索是一以贯之的，那就是人心思定、民生为本。新疆历来是中央政权和北方游牧势力乃至中亚政治势力角逐的地方，然而，两千多年来，新疆的政治安定时期明显长于动荡时期，即使是 19、20 世纪之交的民族国家危亡关头，新疆处在多种内外政治势力博弈的旋涡中，仍能生存于累卵之上，不能不说根本得益于各族群众对社会稳定的强烈渴望与珍重的政治行为理念作支撑。也正是由于新疆特殊的政治历史生态，造就了社会稳定与民族生存的因果关联，没有稳定就不能生存，稳定成了生存的理由，追求稳定是人们政治行为选择的第一要义，并积淀为人们政治行为理念的核心内涵。

得民心者得天下。民族区域自治制度的确立，充分兼顾到统一的多民族国家中各少数民族自我发展的诉求，把各少数民族从历史上累受奴役的处境下彻底解放出来，新疆各少数民族成为社会主义建设的主体，从而在体制上消除了少数民族自我生存与多民族共同发展之间的樊篱，最大限度地减少了少数民族自身生存与统一国家发展上的不协调，保证了社会的长治久安。另外，各少数民族成为祖国大家庭中政治上平等的一员，有利于缩小各民族在历史发展中的差距，让少数民族充分享受诸如"西部大开发战略"等政策扶持与优惠，更快地提高少数民族地区的生产生活水平。新中国建立以来，随着各民族大团结和国家稳定局面的不断巩固，在国家的大力扶持和推动下，新疆各族群众依靠自己的双手不断创造出新的发展业绩，根本改变了旧新疆贫困落后的面貌，人们大干社会主义的热情日益高涨，为国家的政治稳定和经济发展作贡献的积极性不断增强，各族群众把自己的命运与改革开放和社会主义现代化的方向紧紧连在一起，衷心拥护党和政府为加快少数民族地区改革开放和促进民族地区实现跨越式发展做出的重大战略决策与部署。通常讲的新中国成立以来特别是改革开放以来新疆经济社会发展是其历史上最好的时期，主要就是指同期各族群众享受到了空前的和平安定的生活，是指各族群众在社会主义现代化发展进程中各方面的生存权益都得到了充分的保障与提高。正因如此，在东欧剧变、苏联解体、国际国内风云变幻的形势下，新疆依然总体保持了团结稳定的局面，这是与绝大多数群众始终坚定地拥护改革开放路线、始终坚信社会主义现代化的根本方向分不开的，尽管有人企图把新疆问题国际化，试图以国外事例作为他们鼓吹民族分裂的参照系，殊不知，那些民族独立国家的动乱动荡状况反而让人倍加警觉，至于鼓噪暴力和恐怖则更为人们同声谴责。这种普遍性的政治行为理念也决定了新疆的民族分裂活动最终失败的命运。

多年来，新疆维吾尔自治区党委和政府从加强民族团结、维护祖国统一的政治大局出发，提出稳定压倒一切的根本要求，把促进民族地区经济社会全面发展作为第一要务，坚持开展民族团结教育，开展意识形态领域反分裂斗争教育，宣传普及马克思主义民族观、宗教观、历史观、国家观、文化观，不断提高各族干部群众的政治鉴别力和政治坚定性。此外，对极少数的民族分裂势力、宗教极端势力和暴力恐怖势力采取"主动出击、露头就打、先发制敌"的方针，维护了新疆社会的稳定。同时，自治区党委和政府不断调整产业布局，优化产业结构，大力加强基础设施建设，大力加强新型工业化建设，加大建设社会主义新农村的力度，从提高各族群众生活水平入手，努力为各族群众办实事、办好事，赢得了各族群众的广泛赞誉，进一步筑牢了新疆稳定发展的政治基础，党的思想路线与各族群众的政治行为理念不断达成新的和谐。

二　培育和增强各族群众的公民意识是新疆公民政治行为理念建设的核心内涵

1. 培育和增强各族群众的公民意识是新疆公民政治行为理念建设的根本要求

通过对新疆各族群众政治行为理念形成及沿革的历史背景进行分析可以发现，各族群众政治行为理念大致经历了三个发展阶段：其一是秦汉魏晋时期，由于各绿洲方国间的政治联系尚不密切，彼此间犹有戒心，加之中央王朝的政治统一刚刚起步，还远远谈不上巩固，因此，人们在政治上往往更关心自我生存一隅的安危；其二是隋唐以后直至清末，中央政权对新疆的统治不断加强，新疆自身的统一进程日益深化，各民族文化相互融合，政治经济生活逐步走向一体化，与此同时，各民族的民族意识逐渐抬头，各民族的自我生存和发展问题在国家统一历史进程中的特殊性日渐显现，于是，各民族的自我认同不断强化便成为人们政治行为理念的焦点；其三是清末民国以来直到现在，随着中华民族被卷入全球工业化的浪潮，新疆的历史发展也出现了重大转折，各民族对自身生存与发展的关注不得不与对中华民族命运乃至与世界发展潮流的关注结合起来，人们的政治视野变得更加开阔，以至于能够跳出民族性的局限，进而从世界发展大趋势和国家未来走向的视角观察与思考本民族的前途命运。据此不难看出，新疆各族群众政治行为理念的发展大体经历了属地认同、民族认同、国家认同等几个阶段，表现出地域自闭、民族内聚、融合开放等基本特点，反映了新疆各族群众融入统一的多民族国家的历史进程中依托血缘纽带、地缘纽带、文化纽带层层递进的紧密联系。

严格讲来，中国传统封建社会虽然孕育了民本思想，却并不具备现代民主意识滋生的土壤。以民为本的潜台词是"为民做主"，皇权在社会政治生活中始终居于本体地位，人的存在价值在于完全认同儒家之"礼"所规范的社会关系，"克己复礼为仁"，"仁者，人也"，"非礼勿视、非礼勿听、非礼勿言、非礼勿行"，离开了"礼"所维系的社会群体，个体的存在是微不足道的，个人完全没有政治行为选择的主动权和自主权。在这种政治文化的影响下，古代新疆各族群众的政治行为理念中深深地刻下了维系血缘族属、绿洲方国、民族群体生存的烙印，无论在处理地方事务的时候，还是在处理与中央王朝关系的时候，他们普遍以追求地方和民族利益的整体面目出现，或者以群体利益相号召，这种状况是由当时新疆社会经济发展水平决定的，群体的生存理性完全涵盖了个体的实践理性，个人所能做的和应该做的就是对群体利益的无条件服从。这种情况也使得古代新疆的民族关系和民族融合充满了多元聚合的复杂性，其中既有强势民族对弱小民族的征服与吞并，又有弱小民族依托中央政权对强势民族的抵抗，既有一种文化元素对另一种文化元素的摧毁，又有不同文化元素在民族对抗与共处过程中的相互借鉴和补充，最终的结果是中华民族的主流文化在新疆的影响和作用愈益深远，因为倡导国家统一繁荣的华夏文化最能够体现各民族的根本利益，它不但从根本上满足了新疆各少数民族对社会稳定的渴求，而且充分照顾到他们的自我生存愿望，确立了彼此间一损俱损、共荣共存的密切关系。也就是说，从各民族意识形成与发展的历史源流上考察，新疆各族群众政治行为理念中从来不存在纯粹的分裂思想基础，各民族的政治意识一开始就是与国家意识相伴生的，这也是维护国家统一的政治思想优势所在。

讨论新疆公民政治行为理念建设，当然离不开对新疆少数民族多元文化背景的考察，从中可以发现在民族整体涵盖下的公民角色对国家统一的政治认同。应该说，这种以整体形象出现的公民概念在理论上是不完备的，现代意义上的公民不仅是相对国家而言的，是指生存于国家政治法律制度范畴并享有一定政治权利的具体的人，而且应该具有自觉的公民意识，自觉认同并服从于国家的全局利益。孙中山讲，政治就是管理众人之事。不仅如此，政治还是需要众人参与之事。光有自上而下的管理，没有众人的广泛参与，势必走向集权和专制。因此，公民又是相对于民主法制而言的，公民不同于臣民，公民社会必然是民主法制社会。这就要求每个公民都要对自己与国家之间的关系有一个自觉的判断，也就是要对个人利益与国家全局利益的关系有一个正确的认识，从而保证自己的政治行为选择不致背离国家利益的原则要求。显然，这种自觉的公民意识在新疆少数民族多元文化的历史背景下是不健全的，甚至可以说，古代新疆各族群众的政治行为理念还很难称得上是真正意义上的公民政治行为理念，问题的关键是当时的历史条件还不足以孕育出个性化鲜明的公民的理念，个人的理性自觉完全被群体理性所掩盖甚至扼杀了。

改革开放后，计划经济体制向社会主义市场经济体制转轨，多种所有制形式并存取代了一元化的公有制，人们的思想观念日益多样化，人的社会存在价值从单纯的道德判定中解放出来。随着产权关系的不断明晰，个人利益的诉求逐步由隐而显，它们与国家利益的关系由天然合一演变成对立统一，个人利益获得了相对独立的生存空间，人们的思维定式也由"非此即彼"的"隐恶扬善"转变为不再简单地把矛盾和对立判定为恶端，改变了那种重动机轻结果的理论自恋，人们日渐习惯于从处理矛盾冲突入手探寻实现社会整合目标的途径，从用理论框定实践转变为以实践作为检验真理的唯一标准。这样的社会整合是有条件的，是不回避矛盾冲突的动态的整合。这一点还直接影响到人们固有价值观的转变，"重义轻利"让位于"义利并举"，国家全局利益的实现以个人利益的普遍满足为前提和基础，是为"以人为本"。

综上，所谓公民政治行为理念建设的目标要求，究其根本，是在改革开放后中国社会全面转型的背景下提出的。新疆公民政治行为理念建设，固然基于少数民族多元文化的历史积淀，但主要还是要反映中国社会转型条件下各族群众政治理念的新变化及其与国家统一之间的作用与影响，这是在传统政治行为理念形成与发展的基础上，从新的更高层次上探讨新疆各族群众政治行为理念的新境界，其中，培育和增强各族群众的公民意识占有举足轻重的地位，离开了这个关键点，公民政治行为理念建设就失去了实践主体，更通俗讲，如果各族群众不知公民角色如何定位，政治行为理念继续停留在传统的水平和层面上，公民政治行为理念建设就会流于形式、成为空谈。在接受课题组问卷调查（2007年）的各民族人群中，选择对政府或政治事务经常关注的人占25.2%，偶尔关注的人占57.8%，从来不关注的人占9.2%；在被问到"当您觉得政府的某项决定损害了自己的利益，比如提高税收的政策，您会不会想到自己可以采取某些方法促使政府修改这项决定"时，有33.5%的人选择"不会"，36.2%的人选择"说不清"，30.3%的人选择"会"；当问到"您实际上是否采用过一种或几种方式表达对政府决定的意见"时，52.6%的人选择"没有采用过"。在2005年同样内容的调查中，选择"不会"、"说不清"和"会"的比例分别为35.4%、40.3%和24.3%，而63.5%的人对"实际上是否采用过一种或几种方式表达对政府决定的意见"做出否定选择。可见，随着我国社会经济发展水平和政治民主化程度的逐步提高，公民政治参与的主动性总体上呈现增高的趋势。但必须看到，对政治参与说"不"的比例依然偏高，处于政治参与超然或无为状态的公民人数依然高于半数以上，而且，在政治参与的积极与消极状态之间还有一个相当比例的"说不清"存在。"说不清"实际上是公民政治行为和政治参与盲从性、冷漠性的一种非直观样态，是在政治参与的"不"与"是"之间的一种观望与游离（当然，也正是因为有了这种观望和游离，"说不清"反而具有了某种可资修正的政治可塑性）。上述调查所反映的总的情况是，现阶段新疆各族群众对政治的关心度总体偏低，其政治生活的较高参与率和参与的低质量并存，公民政治行为表现出明显的被动性、盲从性、形式性、冷漠性和功利性的特征，公民的政治主体意识和参与意识尚且缺乏和淡薄。而这一切都与公民意识的缺失、缺位关系密切。所以，公民政治行为理念建设必须有明确的公民意识和公民角色认定作支撑，换言之，欲实现公民政治行为理念建设的目标，培育和增强各族群众的公民意识，无疑是具有基础意义的本质要求。

2. 培育和增强各族群众的公民意识是正确处理新疆民族宗教问题的关键环节

研究和把握新疆少数民族地区多元文化背景下各族群众政治行为理念的特征，目的在于为新时期加强新疆公民政治行为理念建设提供历史和价值导向上的依据。而加强新时期新疆公民政治行为理念建设的根本目标，乃在于通过把现代社会的公民意识融入到各族群众的政治行为理念当中，不断充实和完善新疆公民政治行为理念的新内涵，进一步探求正确处理民族宗教问题的根本途径，从而为新疆的长治久安和繁荣发展奠定坚实的政治和民意基础。

培育和增强新疆各族群众的公民意识，加强公民政治行为理念建设，开辟正确处理民族宗教问题的新境界。一般来讲，民族问题是基于民族差别、民族矛盾所产生的与民族关系、民族发展密切相关的重大社会问题。我国现阶段的民族关系，从性质上看，已经是社会主义的新型民族关系，民族平等、团结、互助是我国民族关系的基本特征。民族问题作为一种社会现象和社会存在，它必然受到所处环境和社会发展条件的制约，社会主义初级阶段的民族关系，由于它所处的社会经济状况的限制，在其特点上又带有相对的不完善性，主要表现为民族平等的不完全性、民族团结的相对性、民族互助的有限性和互助与竞争的共生性、共同繁荣的初步性等。在我国民族区域向完善社会主义市场经济体制发展的过程中，民族关系将进入一个新的发展变化时期，其变化将在国家政治一体与民族区域自治，区域经济发展与各民族共同进步，整体性主导文化与多元性民族文化的相互作用的格局中，显现出以下几种发展趋势：其一是民族平等水平将进一步提高，民族间事实上的差距继续存在；其二是民族团结进一步加强，民族意识增强与中华民族凝聚力增强并存；其三是民族间互助合作与民族间竞争并存；其四是民族联系交往日益广泛深入与民族间矛盾摩擦增多并存。多年来，我们党正确处理民族问题积累了丰富的经验，对民族问题的认识不断深化，形成了一整套行之有效的方针政策，概括起来有以下十个方面的内容：一是民族的产生、发展和消亡是一个漫长的历史过程，社会主义时期是各民族共同发展、繁荣的阶段，各民族间的共同因素在不断增多，民族特点、民族差异将长期存在；二是民族问题是社会总问题的一部分，我国现阶段的民族问题只有在建设有中国特色社会主义的共同事业中才能逐步解决；三是国家统一是各族人民的最高利益，各族人民都有维护祖国的安全、荣誉和利益的义务；四是各民族一律平等，国家保障少数民族的合法权利和利益；五是各民族要互相尊重，和睦相处，不断巩固各民族的大团结；六是各民族要加强互助合作，努力实现共同进步和繁荣；七是发展经济、改善生活是我国现阶段民族工作的主要任务，是解决其他各种问题的基础；八是民族区域自治制度是中国共产党对马克思主义民族理论的重大贡献，是解决我国民族问题的基本制度；九是不断提高各族人民的思想道德素质和科学文化素质，努力造就一支德才兼备的少数民族干部队伍；十是民族问题和宗教问题在一些地方交织在一起，在处理民族问题时，要正确贯彻党的宗教政策。

宗教问题无小事。党和政府一贯高度重视宗教问题，把它摆到关系党同人民群众的血肉联系、关系推进两个文明建设、关系加强民族团结、保持社会稳定、维护国家安全和祖国统一、关系我国的对外关系的政治高度。党和政府采取了一系列正确的方针政策，不断充实马克思主义宗教理论，不断深化对宗教问题的认识，形成了以下一些基本观点：社会主义时期的宗教问题突出表现为长期性、群众性和特殊的复杂性；宗教在社会主义条件下的社会作用具有积极与消极的二重性；实行宗教信仰自由政策是维护人民利益，尊重和保护人权的重要体现，宗教信仰自由要坚持权利和义务相统一的原则；处理同爱国宗教界关系的原则是政治上团结合作，思想信仰上互相尊重；国家要依法对宗教事务进行管理；处理好宗教领域中的矛盾，要坚持维护法律尊严、维护人民利益、维护民族团结、维护祖国统一的原则；在坚持扩大开放的前提下，坚决抵御境外势力利用宗教进行渗透；要积极引导宗教与社会主义社会相适应。通常讲，新中国成立以来党和政府处理民族宗教问题是成功的，关键就在于坚持了马克思主义民族宗教理论的正确指导，采取了适合中国国情的正确的方针政策，从而保证了解决民族宗教问题的正确方向。

通过上述总结回顾不难看出，我们党对待民族宗教问题的基本观点和政策措施，集中体现了辩证统一的根本原则。在民族问题上，更多地站在国家统一的共性立场对待民族差异，而不是一味强调民族的特殊性，忽略各民族发展的共性；在宗教问题上，尤其强调宗教信仰属个人行为，既主张宗教信仰自由，又坚持依法管理宗教事务，突出宗教的文化属性，把宗教信仰看成社会精神生活的一部分，积极引导宗教与社会主义社会相适应。毋庸讳言，为了保证党的民族宗教理论的正确运用及各项方针政策落到实处，不仅需要正确解决国家全局利益与民族特殊利益的融合统一问题，而且还必须在各民族整体利益格局中把个人的主体地位凸显出来，要把国家对各民族的政治统辖具体化到每个人对制度的遵循和政治行为的选择上，要使个人利益与民族整体利益的关系变得明晰起来，这就意味着人们的政治行为理念不再以某个民族的特殊利益为根本取向，也不再以各民族的特殊利益作为评判和取舍国家利益的标准，而是站在超越本民族特殊利益的立场上，站在国家政治全局的高度思考民族发展的未来，在更加开放的视野下选择更有利于民族繁荣进步的道路。这正是培育和增强公民意识的根本出发点和立足点，也是公民意识的本质属性。简言之，公民意识就是突出个人政治行为主体地位的政治意识，体现为公民个人对国家政治制度和法律规范的认同与遵从，国家统一意志是靠每个人的广泛政治参与来实现的。在对待民族宗教问题上，培育和增强各族群众的公民意识，就是要站在国家的立场看民族，而不是站在民族的立场看国家，这是对传统民族宗教观的重大发展。当然，培育和增强公民意识并不是消除民族差异，泯灭民族特征，也不是要把解决民族问题的历史任务毕其功于一役，而恰恰是从各民族面向现代化的发展要求出发，把保持民族历史文化传统与促进民族发展有机结合起来，在推动经济社会繁荣进步中进一步丰富和发扬民族历史文化传统。从这个意义上讲，培育和增强各族群众的公民意识无异于民族地区开启现代社会之门的钥匙，从而在现代社会背景下为正确处理民族宗教问题开辟了通途。

3. 培育和增强各族群众的公民意识是新疆维护国家统一、反对民族分裂的重要保证

维护社会稳定历来是新疆工作的大局。历史上，消除地方的分离倾向一直是维护和巩固国家大一统局面的基础性工作，尤其近代以来，反对境内外敌对势力制造的民族分裂活动更是维护祖国统一的重要保证。在新疆各民族多元文化并存的条件下，由于各少数民族自我意识的增强和民族区域自治制度承认各少数民族特殊利益的存在，各少数民族的民族意识与中华民族凝聚力增强的同步性就必然伴随着矛盾性，二者的统一表现为一种动态平衡，民族意识是基本的元素，即各少数民族对中华民族的认同绝非放弃自我文化属性，而是不断寻求各民族自我意识与国家统一意志的交会点。归根到底，维护祖国统一、反对民族分裂，就是要不断消除各民族政治行为理念中与国家统一意志不能契合甚至完全背离的倾向，与此同时，还要不断增强各民族政治行为理念中顺应国家统一意志和有利于体现国家统一意志完整代表性的取向，切实消除民族性与国家统一意志之间的隔阂，消除各民族文化之间的隔阂，使"汉族离不开少数民族，少数民族离不开汉族，各少数民族之间相互离不开"的观念真正融入各族群众政治行为理念当中。因此，培育和增强各族群众的公民意识，把公民意识渗透到民族性认定的全过程，使之成为各族群众政治行为理念的本质内涵，必将对维护国家统一、反对民族分裂产生深远的影响。

民族分裂主义是对祖国统一的重大威胁。民族分裂主义是一种政治思潮，并以所谓民族独立的理念作支撑。一般来讲，古代中国边疆民族地区或各少数民族之间以及少数民族和中原汉族之间政治上的暂时分离状态乃至处于战争状态，都只是封建中央集权体制内部不同利益主体之间的争斗所致，是中央集权体制赖以存在的常态之一，客观上还有助于国家大一统局面的巩固。我们不能简单地贬低周边少数民族势力对中原内侵的历史作用，更不能把国家政治上的暂时分离状态武断地判定为民族分裂。严格讲，新疆的民族分裂主义是在近代社会有外部势力干预的大背景下滋生和蔓延的，一方面，它掺入了帝国主义殖民侵略的元素，民族分裂主义充当了帝国主义殖民入侵的工具；另一方面，极端的民族意识突破了多民族统一国家的政治底线，割裂了民族命运与国家统一的相互关系，把本民族的特殊利益放到第一位，进而否定多民族统一国家的发展历史，否定新疆自古以来就是多民族多宗教并存的地区，甚至把伊斯兰教作为界定民族属性的唯一标准，为最终建立政教合一的民族国家制造思想和舆论影响。纵观近代以来新疆社会的动荡和灾难，很容易寻到英国和沙俄幕后操纵的黑手，而对民族分裂主义思潮泛滥起到推波助澜作用的，就是盛传一时的"泛伊斯兰主义和泛突厥主义"（简称"双泛"）。如前所述，"双泛"思潮起于中亚西亚各国反抗帝国主义殖民侵略的大环境，目的在于号召被压迫和奴役的各国人民团结起来，共同抗击西方列强的侵略和掠夺。然而，事与愿违，"双泛"思潮最终非但没能在反抗外敌入侵中发挥作用，反而被帝国主义加以利用，沦为帝国主义煽动殖民地国家民族分裂的工具，演变成了相关各国社会动乱的思想根源。这种恶劣影响，至今难以消除。那么，"双泛"思潮为什么走向了它初衷的反面呢？问题的关键，就在于"双泛"思潮本身在理论和实践上都是站不住脚的。"双泛"思潮的核心观点是"我们的民族是突厥，我们的信仰是伊斯兰，我们的国家是突厥斯坦"，显然，采用是否操突厥语来拼凑一个所谓突厥民族的想法是错误的，历史上确曾存在过一个被称为突厥的民族，隋唐时期在中国北方和中亚一带称雄一时，但后来逐步消亡了，不存在了，"双泛"思潮所称的突厥民族和历史上的突厥民族根本不是一回事，用讲突厥语言这一个特征来界定的所谓突厥民族根本就是荒谬的，不过是空洞的口号和幻想，至于把伊斯兰教与所谓的突厥民族捆绑在一起，乃至作为所谓突厥民族的唯一属性，更是对历史事实的公然背弃。这样做的最终目的，就是要用突厥语言联合成一个民族共同体，再用伊斯兰教统辖这个民族共同体的民族属性，从而为建立一个横贯亚洲中部的政教合一的伊斯兰国家打下思想基础。毋庸讳言，"双泛"思潮尽管在理论上漏洞百出，但仍然得到了某些怀有帝国梦想的统治者的赞同和支持，使之得以广泛传播，直至渗透到新疆。诚然，这样一个近乎无中生有的关于民族宗教的政治界说根本没有现实基础，它所确定的目标也是不可能实现的。然而就是这样一个政治假说，西方殖民势力从中发现了将其为我所用的可能性，看到了"双泛"思潮可以在民族认同上造成思想混乱，可以从根本上扰乱殖民地各民族间、各个国家间的既有政治秩序，可以挑拨操突厥语、信仰伊斯兰教诸民族与其他民族及所在国家政权之间的矛盾与冲突，从而制造殖民目标地区的混乱和动乱，借机从中渔利。这正是绝大多数相关国家对"双泛"思潮始终保持高度警惕的重要原因。

从"双泛"思潮影响新疆的历史进程看，它的核心与要害就在于以所谓民族宗教相号召，企图建立政教合一的伊斯兰国家。从19世纪30年代出笼的"东突厥斯坦伊斯兰共和国"，到20世纪八九十年代之交的民族分裂势力的再度猖獗，建立政教合一的政权始终是他们不变的目标，这也成为判断是不是民族分裂主义的重要标杆。需要指出的是，民族分裂主义必然要打着民族宗教的旗号，但强调民族宗教的特殊性并不能一概归入民族分裂主义的范畴，关键还要看它是否宣扬民族独立，是否主张分裂国家。新疆多年来的反分裂斗争实践一再表明，煽动民族仇视，鼓噪宗教狂热，攻击社会主义，诋毁党的领导，鼓吹民族独立，妄图分裂国家，是为民族分裂主义的本质。新疆维吾尔自治区党委和政府在反分裂斗争教育中一贯强调，讲政治是对各族党员干部第一位的要求，而讲政治的根本内涵就是维护祖国统一、反对民族分裂。

多年来，党和政府对"民族分裂势力"、"极端宗教势力"、"暴力恐怖势力"坚持采取"先发制敌、主动出击、露头就打"方针的同时，还在各族干部群众中深入开展意识形态领域反分裂斗争教育，对民族分裂的思想基础进行釜底抽薪。反分裂斗争具有长期性、复杂性，需要有高超的斗争艺术，必须正确区分敌我矛盾和人民内部矛盾这两类不同性质的矛盾，应该把民族分裂主义与民族问题区分开来，应该把"三股势力"与广大少数民族群众区分开来，不能一提起民族问题就从消极的方面去理解，也不能因为存在一定的民族宗教情绪就把广大少数民族信教群众与非法宗教活动挂起钩来。不可否认，多年来，新疆民族宗教问题一直非常棘手，甚至变得摸不得碰不得，稍有不慎，便惹火上身，沾上不尊重少数民族和破坏民族团结的嫌疑，人人避之唯恐不及。于是，民族宗教问题俨然成了禁区，甚至成了敌对势力要挟党和政府的杀手锏，不管什么问题，只要被上纲到民族宗教问题的高度，就会变得很难解决或无法解决。因此，有人就把涉及民族间的几乎所有社会问题都归结为民族宗教问题，民族宗教问题变得可以凌驾于政府和法律之上。譬如，明明是刑事案件，就因为与民族宗教相干，最终却会成为政治问题，变得是非莫辨；再比如，两个人发生社会纠纷，就因为他们民族成分不同，可能事情的原委还不清楚，有一方已经无理可讲了。这样的事例不胜枚举。应该说，这些积习和流弊从现行制度的层面上强化了民族特殊化的意识和心理，客观上助长了民族分离的倾向。那么，要实现维护祖国统一、反对民族分裂的目标，就必须彻底肃清"双泛"思潮的贻害，正确阐明新疆民族宗教发展的历史，始终把新疆及新疆各民族置于国家统一的历史大背景下，注意把握好政策尺度，正确区分民族利益的特殊性与少数民族群众作为政治行为主体的普遍性之间的关系，剔除民族利益特殊性尤其是少数民族群众个体利益特殊性的理论先验色彩，把少数民族群众个体的政治行为从单纯的民族属性的荫庇下厘定出来，并依据社会转型的变化和要求，不断充实和完善少数民族群众作为政治行为主体的国家公民属性，从而把民族宗教问题作为社会问题的一部分纳入国家发展全局的范畴，而不是把民族宗教问题看做是社会问题的全部，更不能用少数民族群众的民族性来完全替代或根本排斥其公民属性。培育和增强少数民族群众的公民意识，不仅是中国社会转型的根本要求，而且是马克思主义"五观"教育深入人心的前提，更是从深层次上消除"双泛"思潮影响的根本途径，当然，也是从更高层次上审视并解决民族宗教问题的必然选择。

4. 培育和增强各族群众的公民意识是推进新疆社会主义民主法制建设的重要基础

"公民"是一个法律概念，相对于封建社会的"臣民"而言，有着根本性的质的不同。公民的确切含义是指，具有一个国家的国籍、根据该国的法律规范享有权利和承担义务的自然人。从其性质上来看，公民具有自然属性和法律属性两个方面。公民的自然属性反映出公民首先是基于自然生理规律出生和存在的生命体。公民的法律属性是指公民作为一个法律概念，以一个国家的成员的身份，参与社会活动、享受权利和承担义务，应由国家法律加以规定。从其产生来看，公民作为一个法律概念，是和民主政治紧密相连的。在现代法制环境下，各国宪法普遍地使用了公民的概念。

至于公民意识，总的来说是指公民对于自己的社会政治地位及其相应的权利、义务、责任的一种自觉认识。这种意识主要表现在社会成员广泛参与政治、经济、文化、社会建设和生活的方方面面，所以公民意识具有多层次的含义，主要包括：民族与国家意识、民主与法制意识、权利与责任意识、公平与正义意识、自由与平等意识、道德与文化意识、生态与环保意识，等等。

培养和增强公民意识是加强法制建设的切入点，因为人的一切行为最终都是受意识支配的，意识、思维问题解决了，其他问题才可能进一步去解决。发展社会主义民主政治的主体是全体公民。提高公民意识，是健全我们的民主制度，丰富民主形式，拓宽民主渠道，保障公民合法权益的思想保证。切实推进我国的公民教育，以奠定必要的社会主义民主政治的人文基础，是实现我国民主政治发展目标的前提。因此可以说，公民意识是具有基础性和战略性的要素。

但必须看到的是，公民意识缺失是我国社会主义民主法制建设进程中的普遍性问题，其表现为人民群众的政治参与主体性不强，这主要是由中国传统社会缺乏民主文化积淀造成的。从新疆历史上看，这种匮乏见诸于社会权利结构和公众整体意识形态的具体表征就是公民意识淡薄、公民主体意识缺位等：

　　其一，公民意识的淡漠，导致进而维系了赤裸裸的等级特权。公开维护等级特权是新疆少数民族地区传统型政府权力运行机制的共同价值取向。例如，在新中国成立前夕，西北少数民族地区的某些偏僻农村，甚至仍然存在着封建农奴制度，其中以新疆和田地区墨玉县夏合勒克乡维吾尔族农奴制保存得最完整、最典型。这个社会是维持了近千年之久的封建领主庄园制。它的全部社会成员按照传统的社会与经济地位分成 5 个等级，即：贵族；庄园管理人阿克萨卡尔；农奴；家内奴仆；自由农。在夏合勒克乡维吾尔族农奴制社会中，以贵族和加为代表的一小撮农奴主，凭借着对土地、水源的所有权和对农奴人身自由的控制权，在经济上对农奴进行残酷剥削，统治者通过各种方式，诸如税收与垄断矿业和商业，大量搜刮人民的财富，而使自己拥有巨额的财产。而在政治上则推行暗无天日的集权暴力统治，致使广大民族群众备受压迫和剥削，基本人权几乎没有任何保障。

　　其二，公民主体意识的缺位，造成了社会治理结构中民—权关系的严重不对称。新中国成立之前的新疆乃至整个西部少数民族地区，民—权关系中权责配置与现代法治国家的基本要求是截然相反的，政府自身是"需求"一方，而各族群众反而是"责任"一方。政府与民众的关系是极其不公又极其强悍的"索取—供奉"关系和"强令—隶从"关系。在这一模式中，"权利"与"权力"的制衡与博弈被彻底摒弃，现代意义上的公民权利观念，甚至人权观念根本就无从产生。事实也是如此。比如，伊斯兰教的"天课制度"规定：凡有资产与收入的人，除生活的必要开支外，如有余存财货，都应向"主"所指定的"天库"缴纳一定比例数的"天课"，而负责接收保存天课的人，就是各教坊的教长阿訇。农产品的天课额，是每年每个农民除去他生活资料所需以外的剩余产品的 1/10。这样巨额的天课，不

57

仅使教长有充足的费用，而且他有可能用天课购买土地、集中土地，并把集中了的土地租给无地的农民耕种，借此从事地租的剥削。这样，在天课转化为土地与地租剥削的过程中，在不断积累天课与地租的过程中，教坊的教长开始转化为地主教长，并逐渐成为大地主教长。与此同时，先前的宗教等级差别逐渐转化为地主与农民之间的阶级差别。

其三，权利资源的匮乏，导致救济途径的闭塞和自力救济的极端化。新中国成立以前，统治者的权力系统根本不给个体权利哪怕最基本的生长空间，法制环境下理应存在的公力救济，异化为私权利的自我救赎，而这种自我救赎本身就孕育了社会动荡和民族对垒的天然种质。在那时的新疆少数民族地区，普通民众指向公权者的习惯权利通常只能体现在"恳求—施舍"这一关系模式中，这是一种最弱意义上的普通民众与政府之间的"需求—责任"关系模式。在这一关系模式中，政府的"责任"仅仅是一种道义上的"体恤"，而普通民众的"需求"只是一种"恳求"。况且，这种"恳求"还不能被界定为现代意义上的法律性诉权，它只是一种自上而下的、随机的、有限的"悲悯"与"施舍"。而当这种作为权利底线的"悲悯"与"施舍"都不能兑现时，原本就脆弱不堪的官—民关系就会在顷刻之间土崩瓦解，随之而来的必然是社会矛盾的凸起与畸变，这时候，普通民众与政府的关系就变成了"造反—镇压"关系。纵观历史，中国历代王朝及其地方政府治理新疆少数民族地区的方法就是"威恩并重"，对于反抗者严厉镇压，对于归顺者进行安抚。由于中央国家政权是以统治民族如汉、蒙古、满等各族的利益作为治理边疆的准则，并以"羁縻"统治等政治策略来维护新疆地区的稳定和国家统一，没有真正关心被统治民族的利益，故此，并没有让各族人民幸福安康，相反，各民族的反抗此起彼伏，形成"十年一小反，三十年一大反"的规律。这样一种治乱循环的历史"周期率"，在和平解放前的新疆少数民族地区可以说是不绝于史。

　　新中国成立以后，伴随着民族平等、民族自治等崭新民族理念和政治制度的确立，新疆各族人民摆脱了受剥削、受压迫、受愚弄的境遇，真正成为社会的主人，成为具有独立法律人格价值的活生生的"人"即"公民"。也只有在这种认知情况下，新疆的民主法制建设才具有主观价值倾向上的现实性、必要性和可行性。特别是改革开放以来，社会主义民主法制作为与社会主义市场经济相匹配的社会政治形态，日渐成为规范社会发展的新秩序与人的发展的新取向的坐标系。20世纪初，社会主义市场经济被载入宪法，市场经济是严格遵循市场经济发展规律的经济形态，所以，社会主义市场经济是法制经济，与之相对应的社会必然是法制社会。法治社会的本意是对公民的社会主体地位进行合理规范，公民、民主和法制有着天然的联系，或者说，没有公民就没有民主，没有民主就没有法制，反之亦然。据此，培养和增强公民意识就与培养和增强民主法制意识本质上相通，换言之，加强新疆公民政治理念建设，必然要求大力培育和增强各族群众的民主法制观念，也就必须大力培育和增强各族群众的公民意识。其中，各族群众对公民身份的自我认定，培养和树立民主法制观念，对于推进社会主义民主法制建设起着至关重要的作用，同时，这对于正确处理新时期的民族宗教问题也将产生深远的影响。

　　党的十六大以来，特别是新疆维吾尔自治区第六次党代会以来，自治区党委、人民政府高度重视民主法制建设工作，不断出台政策措施，以提高全社会法制化、管理水平为内容，以普法和依法治理并举为手段，加强全民、全社会的法治实践，稳步推进新疆民主法制进程，取得了显著成效。在这一进程中，培育和增强各族群众的公民意识始终是加强新疆民主法制建设的主途径和主线索。具体表现在以下五个方面。

其一，通过加强和完善地方立法，进一步规范各族群众的公民意识。自治区人大和人大常委会制定了针对《民族区域自治法》的实施细则及其他一系列的规范性法律文件，使得这部法律得到了很好的贯彻和执行，新疆各民族以及新疆作为民族地区的政治、经济、文化和社会的发展在法律制度上得到了有力的保障。同时，党和政府充分保障各族群众的民主权利，特别是针对国内外敌对势力对我国政府损害新疆少数民族"人权"的无端指责，专门发表了《新疆的历史与现状白皮书》，旗帜鲜明地把新疆各族人民的人权界定为生存权和发展权，用新疆解放以来无可辩驳的发展史实回击了敌对势力的造谣和诬蔑，向全世界充分表明我们党和政府始终在为实现好新疆各族群众生存与发展的民主权利而不懈努力。同时，随着近年来《村民委员会组织法》《村民自治章程》《村规民约》等一系列国家、自治区颁布的政策法规的出台，自治区不断加强基层民主法制建设，在众多乡村的民主法制建设工作中，出现了"三高"现象，即村务透明度越来越高，干部依法办事意识、能力明显增高，村民法律意识和参政议政的能力不断提高。又如在公民权利立法方面，自治区人大通过组织立法听证会、论证会，不断丰富完善民主立法的形式和内容，接连制定、修订和出台了近50部切实维护公民权利的法规条例，为各族群众依法享有和行使自己的合法权益奠定了基础。

其二，通过建章立制，充分开掘各族群众的公民意识。例如，2001年自治区第六次党代会提出加快推进自治区民主法制进程后，从2002年起，自治区即在各自治州、自治县开展了"民主法治示范村"的创建活动，推行"一事一议制度"，遇到涉及村集体发展和村民切身利益的事情村里就通过召开村民大会、村民代表会，请村民依法进行民主决议。这些举措一经实施，便得到了村民的热烈响应。

其三，通过加强法制宣传教育，不断提升各族群众的公民意识。2006年新疆"五五"普法工作会议强调，全面提升各族群众的公民意识、法制意识，推动全民法律素质教育的不断深化，是此次普法工作的重点，并确定了各级领导干部、公务员、青少年、农民、企业经营管理者五类人员为"五五"普法期间的重点普法对象。通过普法和依法治理工作，使各族群众懂得运用法律手段和途径来实现自己的诉求。这是塑造和提高各族群众公民意识，维护社会和谐稳定的必然之举，也是民主法制建设的目标所在。自治区第六次党代会以来，自治区坚持把党的领导、人民当家作主和依法治区有机统一起来，不断加强民主法制建设，充分保障人民当家作主的权利。各族群众的法制意识也在不断增强，学法、懂法、用法的能力逐渐提高。民主法制进程的快速发展，为自治区社会稳定、经济发展打下了坚实的法制基础。

其四，通过依法行政、转变行政管理模式，切实维护各族群众的公民意识。随着公民意识的普遍增强，客观上要求政府的行政行为也应由"管理"向"执法"转变。2003年《中华人民共和国行政许可法》的颁布和施行是这一转变的一个重大的标志性事件。《行政许可法》的实施，对政府权力运行机制的法制化构建和公民权利的有效保障无疑具有重大而深远的历史意义。在新疆维吾尔自治区，部署和贯彻实施《行政许可法》的各项工作已全面展开，同时还明确提出了建立法治政府的八项目标：职权法定、行为适当、程序合法、权责一致、高效便民、诚实守信、权利救济和接受监督。随着行政许可法在自治区的实施，政府权力运行机制开始逐渐由操作权威型向监管权威型转变，各级政府开始逐渐放弃了计划经济时代的物资分配权、物价控制权、企业经营管理权等，现代政府的市场监管和公共服务的理念逐渐形成。

其五，通过不断健全和完善新疆的司法和法律监督体系，坚定捍卫各族群众的公民意识。如新疆各级人民法院、人民检察院始终把加强队伍建设，提高司法和法律监督能力作为工作的重点，通过加大业务培训力度，规范法官、检察官的执法行为，落实执法责任制，从而确保有力打击犯罪，维护法律的公正性、严肃性，最大限度地保护人民群众的生命财产安全。作为保障公民权益的专门机关，司法和法律监督系统的有效运行，使公权力系统真正成为捍卫各族群众的公民意识的坚强堡垒。

由上述可知，历年来，党和政府对新疆各族群众的以生存权和发展权为主要内容的民主权利的保障是到位的，并因此赢得了各族人民的衷心拥护和支持。然而，由于历史的原因，新疆的发展还相对落后，人民群众不断增长的物质文化需求与经济落后之间的矛盾还很尖锐，实践证明，仅仅依靠外力作为促进新疆发展的动力是远远不够的，必须把推动新疆经济社会的全面发展与提高各民族的整体素质紧密结合起来，必须打破由于害怕自我义化传统遭到威胁而萌生的封闭与保守的误区，必须认识到恰恰是这种文化的封闭与保守设置了自我发展的最大障碍。那种把生产生活条件改善的希望完全寄托于人的做法，除了滋养出"等、靠、要"的慵懒和懈怠，还会姑息"吃肉骂娘"的大爷意识，对本民族的发展没有任何好处。说到底，只有把生存与发展的希望握在自己手里，主动去迎接和适应市场经济的竞争环境给民族发展带来的挑战，根本扭转在对待民族发展问题上的"他者"心态，不断增强自己改变自我命运的能力与本领，切实提高掌控国家和民族命运的责任感和使命感，把自己从民族与国家发展的一个局外人和服从者、享受者真正变成一个参与者、实践者，这不仅意味着民主权利的正常表达，而且实现了公民意识与民主意识的完美结合，这也正是民主法制社会的最终落脚点。

三　构建社会主义和谐社会是新疆公民政治行为理念建设的根本目标

1. 社会主义核心价值体系是新疆公民政治行为理念的本质内涵

核心价值体系是社会意识的本质体现，决定着社会意识的性质和方向。党的十六届六中全会强调，要把社会主义核心价值体系作为建设和谐文化的根本，并把社会主义核心价值体系概括为4个方面，即马克思主义指导思想、中国特色社会主义共同理想、以爱国主义为核心的民族精神和以改革创新为核心的时代精神、社会主义荣辱观。这4个方面，构成社会主义核心价值体系的基本内容，也是新疆各族群众政治行为选择的理论先导和行动指南。新疆公民政治行为理念建设，当以构建社会主义和谐社会为中心任务，自然要以社会主义核心价值体系为本质内涵。

马克思主义指导思想决定了社会主义核心价值体系的性质和方向，是社会主义核心价值体系的灵魂，也是新疆公民政治行为理念建设的旗帜。建设社会主义核心价值体系，是建设中国特色社会主义的根本要求，它不仅以中国特色社会主义建设实践为背景，而且是对社会主义建设成功经验的总结与升华。历史证明，建设社会主义核心价值体系，必须把坚持马克思主义在意识形态领域的指导地位、坚持中国共产党的领导、坚持社会主义的发展道路、坚持人民民主专政的政治制度作为前提和基础。如果这些根本制度和原则不能在社会主义核心价值体系中得到充分体现，就不可能形成并维系一个主导全社会思想和行为的价值体系，中国社会就会成为一盘散沙。同样，如果这些根本制度和原则不能很好地融入新疆公民政治行为理念当中，新疆各族群众的政治行为选择就会失去正确的方向。建设社会主义核心价值体系，就是要昭示人们在思想上精神上应该坚持什么，即不论新形势下人们价值取向发生了什么变化，社会主义意识形态的核心价值不能动摇。用发展着的马克思主义指导实践，牢牢掌握意识形态领域的主导性，是建设社会主义核心价值体系的根本前提。在此基础上，尊重差异，包容多样，充分挖掘和鼓励不同阶层、不同群体所蕴含的积极向上的思想精神，更好地用社会主义核心价值体系引领社会思潮，最大限度地形成思想共识，凝聚力量，齐心协力建设中国特色社会主义。

建设社会主义核心价值体系就是要形成并坚持共同的理想信念，这是新疆公民政治行为理念建设的主题。随着社会主义市场经济深入发展，我国经济成分、组织形式、就业方式、利益关系和分配方式日益多样化，这就必须要有一个能够代表广大人民根本利益、为社会各个阶层广泛认可和接受、能有效凝聚各个方面智慧和力量的共同理想。这个共同理想，就是在中国共产党领导下，走中国特色社会主义道路，实现中华民族伟大复兴。这个共同理想，把党在社会主义初级阶段的目标、国家的发展、民族的振兴与个人的幸福紧密联系在一起，把各个阶层、各个群体的共同愿望有机结合在一起，经过实践的检验，有着广泛的社会共识，具有令人信服的必然性、广泛性和包容性，具有强大的感召力、亲和力和凝聚力。摆脱贫困落后，走向富强民主文明和谐，是新疆各族儿女世世代代的梦想与追求。历史充分证明，中国共产党的领导，中国特色社会主义道路，是历史的选择、人民的选择，坚持这条道路，就能实现中华民族的伟大复兴，就能实现新疆的繁荣发展。

建设社会主义核心价值体系，就是要大力弘扬伟大的民族精神和时代精神，唱响主旋律，引导全社会在思想道德上共同进步，这是新疆公民政治行为理念建设的精髓。胡锦涛总书记指出："民族精神是我们民族的生命力、凝聚力和创造力的不竭源泉。"民族精神是民族文化最本质、最集中的体现,以爱国主义为核心的伟大民族精神,已经深深地融入我们的民族意识、民族品格、民族气质之中,成为各族人民团结一心、共同奋斗的价值取向。以改革创新为核心的时代精神,是马克思主义与时俱进的理论品格、中华民族富于进取的思想品格与改革开放和现代化建设实践相结合的伟大成果,已经深深地融入我国经济、政治、文化、社会建设的各个方面,成为各族人民不断开创中国特色社会主义事业新局面的强大精神力量。中华民族生生不息、薪火相传,抵御外来侵略、赢得民族独立和解放,抓住机遇、加快发展,由贫穷走向富裕,建设和谐社会,实现小康目标,靠的就是这样的精神。

建设社会主义核心价值体系,加强新疆公民政治行为理念建设,必须以全体社会成员的道德修养和素质为基础。以"八荣八耻"为主要内容的社会主义荣辱观,是对与社会主义市场经济相适应、与社会主义法律规范相协调、与中华民族传统美德相承接的社会主义思想道德体系全面系统、准确通俗的表达,它旗帜鲜明地指出了在社会主义市场经济条件下,应当坚持和提倡什么、反对和抵制什么,为全体社会成员判断行为得失、做出道德选择、确定价值取向,提供了基本的价值准则和行为规范。在我们这样一个人口众多、民族众多的发展中大国,实现经济发展、社会和谐的目标追求,必须确立普遍奉行的价值准则和道德要求,形成和谐的人际关系和社会风尚。社会主义荣辱观,既有先进性的导向,又有广泛性的要求,贯穿社会生活各个领域,覆盖各个利益群体,涵盖了人生态度、社会风尚的方方面面。因此,在全社会树立和践行社会主义荣辱观,就能打牢社会主义核心价值体系的基础,也坚实了新疆公民政治行为理念建设的基础。

坚定的政治信仰是坚持社会主义方向的本质要求,也是新疆公民政治行为理念建设始终沿着正确方向推进的根本保证。建设社会主义核心价值体系，核心就在于坚定政治信仰。信仰与价值观相通，共同构成社会意识的内核，决定着社会核心价值体系的根本属性。当今中国，各族人民的普遍信仰集中反映在对马克思主义的信念、对社会主义的信心和对党的领导的信任，而执政党、执政理念、发展道路这些外在的对象之所以能够内化为人们的精神依托，关键在于中国特色社会主义的发展方向、党的执政能力建设的目标、马克思主义中国化的最新成果都集中体现了"执政为民"、"发展为民"的原则要求，党的路线方针政策与人民群众的意愿在思想上产生了强烈的共鸣，达成了深刻的共识。"水可载舟，亦可覆舟"，国家的发展强盛一刻也离不开统一意志，党的坚强领导一刻也离不开共同的思想基础，而无论统一意志还是共同思想基础，都离不开信仰作支撑。民无信则国不立，民无信则党不存。所谓得民心者得天下，民心者，民信也，信任成就信仰。坚持马克思主义的指导地位，不断用马克思主义中国化的最新理论成果指导新的实践，关键在于真信，真信才能真用，真信才能不动摇、不盲从，真信才能做到知行合一、保持一致。

2. 引导宗教与社会主义和谐社会建设相适应是新疆公民政治理念建设的重要原则

在新疆，宗教一直是影响公民政治行为理念的重要因素。把宗教融入社会建设的进程，这在改革开放之前是不可想象的。一段历史时期里，宗教曾经被贴上特殊的标签遭到全面拒斥。改革开放后，中国社会逐步转型，政治、经济、文化乃至意识形态领域的变革方兴未艾，生产资料所有制形式日趋多元化，人们的思想观念日益多样化，对宗教的认识和态度也随之发生渐变，以往政策导向上无视、排斥宗教作用的主张已经被积极引导宗教与社会主义社会相适应的原则所替代，宗教由社会建设的异己势力转变为与社会发展相兼容的重要因素，这对于进一步丰富新时期新疆公民政治行为理念的内涵具有重大意义。

党的十六届四中全会提出构建社会主义和谐社会的战略任务，十六届六中全会进一步对构建和谐社会的意义、内涵、原则、途径等做出全面部署，标志着我国政治建设、经济建设、文化建设、社会建设以及党的建设发展到新的历史阶段。构建社会主义和谐社会是一项系统工程，其内涵非常丰富，任务相当艰巨，究其根本，则在于实现人与自然、人与社会以及各种利益关系相协调，从而为科学发展提供必要的社会支撑，反过来，和谐社会也是科学发展所追求的社会建设目标。据此，构建社会主义和谐社会，需要动员社会各方面的力量，发挥各方面的积极性，也就要求对社会生活中扮演重要角色的宗教因素进行更深入的分析研究，积极引导宗教在社会主义和谐社会建设中发挥积极作用，特别是在信教群众人口比例较高的边疆少数民族地区，正确认识宗教的地位和作用更是构建和谐社会不可或缺的重要环节，甚至可以说，宗教问题处理得好，宗教的积极作用发挥得好，直接关系到和谐社会建设的健康发展。

恩格斯指出："一切宗教都不过是支配着人们日常生活的外部力量在人们头脑中的幻想的反映。"[1] "当社会通过占有和有计划地使用全部生产资料而使自己和一切社会成员摆脱奴役状态的时候……当谋事在人，成事也在人的时候，现在还在宗教中反映出来的最后的异己力量才会消失，因而宗教反映本身也就随着消失。"[2] 从历史上看，宗教的存在有着深刻的社会历史根源，宗教将会长期存在并发挥作用。通常讲，宗教源于人们对人与自然相互关系的认识、态度和观点，这些认识和观念对人们的思维方

---

①　《马克思恩格斯选集》第 3 卷 ［M］，人民出版社，1995，第 666 ~ 667 页。
②　《马克思恩格斯选集》第 3 卷 ［M］，人民出版社，1995，第 668 页。

式乃至行为方式产生了深远的影响，它们是人类思想宝库中十分重要的内容，展现为人类社会发展进程中非常重要的文化现象，也是十分重要的文化资源，可称之为宗教文化，其最高形态是宗教哲学，从中孕育出独特的文化心理、价值取向和思维定式。值得注意的是，宗教文化从来都不是孤立的，而是与物质文化、制度文化相互依存的，小到人们的日常行为规范，大到对哲学、建筑、绘画、雕塑、文学、音乐、医学以及社会生产、社会制度、国际关系、民族融合等各方面的影响，宗教文化的渗透力不容小觑。科技革命、社会生产力的巨大进步、全球化进程以及人类的自我意识增强等因素也促成了宗教的自我改革，欧洲文艺复兴就是与宗教改革互为条件的，其社会背景当然是资本主义生产方式的勃兴。也就是说，宗教在影响社会发展的同时，又随时在顺应社会的发展变化。可见，宗教作为一种精神文化现象，具有一般社会文化的基本属性，既相对独立，又具有普遍性的影响力，它始终不能脱离自身赖以产生和生存的社会历史环境，也不可能变成凌驾于社会历史环境之上的永恒存在。因此，宗教作为一种精神文化现象，自然归属社会文化的范畴，也就自然具备了服务社会建设的工具属性，成为社会建设中可资利用的重要因素。于是，在推进政治建设、经济建设、文化建设、社会建设和党的建设不断发展的大格局中，引导宗教与构建社会主义和谐社会的本质要求相契合，充分发挥宗教文化整合社会的功能，不仅可能，而且完全可行。

我国现行的宗教政策是尊重公民宗教信仰自由，既不借助行政手段消灭宗教，也不通过行政手段鼓励宗教。但是，对于引导宗教参与社会建设的取向是明确的，即必须与社会主义社会的发展要求相适应。这充分表明了在意识形态领域坚持马克思主义的指导地位和坚决反对唯心主义、破除宗教消极影响的政治立场。众所周知，宗教的世界观是唯心主义的世界观，这意味着宗教具备本体论的属性，成为认识的出发点和归宿，这就在意识形态领域造成了与历史唯物主义的截然对立。如是，宗教世界观与马克思主义唯物史观是不相容的，二者的冲突在所难免。实践证明，以往那种非此即彼、有我无他的解决冲突的做法是行不通的。众所周知，唯物主义和唯心主义的斗争由来已久，不能指望唯物主义一劳永逸地彻底战胜唯心主义，也就无法凭主观愿望毕其功于一役地去消灭宗教，用唯心主义去化解唯心主义的教训是深刻的。诚然，也绝不能任由宗教的唯心主义世界观肆意蔓延，马克思主义在意识形态领域的统领地位是不容挑战的，利用宗教干预政治是不允许的。所以，引导宗教与构建社会主义和谐社会的本质要求相契合，既不是你死我活、众口一词，也不是拉郎配、不分主次，其根本在于承认宗教作为一种特定社会观念形态的存在是客观的，是社会意识形态的有机组成部分，又只是兼容于社会主流意识形态的一条支流，它与社会其他观念形态的关系是和而不同的关系，是异质共存的关系，马克思主义在意识形态领域的指导地位则体现为对各种社会观念形态的整合与统领，进而确立一种鲜明的政治方向。

毋庸讳言，引导宗教与构建社会主义和谐社会的本质要求相适应，并不是要把目光局限在意识形态领域，继而试图探寻并发现宗教世界观与马克思主义世界观的契合点，这样做不仅徒劳无功，而且会迷失马克思主义指导地位的统领意义。引导宗教参与和谐社会建设，只能是在意识形态领域坚持马克思主义宗教观的前提下，很好地秉持利益分属的理念，彻底打破宗教的社会实践与社会主义理想不相容的认识樊篱，进而探索宗教的道德规范、价值准则与社会主义社会发展要求的统一性，充分发挥宗教整合社会的巨大功能，在稳定社会情绪、坚定价值取向、调节利益冲突、促进文化融合等方面寻求与和谐社会建设的契合点。宗教抑恶扬善的戒条与和谐社会的道德取向殊途同归，其热心公益、人人平等、互助互爱、克勤克俭、恪守诚信的观念和理念与和谐社会的本质要求并无二致，信教群众对美满幸福生活的理想追求与建设社会主义现代化、小康社会、和谐社会的目标并无悖逆甚至不谋而合，党的以人民群众根本利益为出发点和立足点的路线方针政策在信教群众引起广泛共鸣，信教群众思安定、求发展、盼富裕的心愿与党和政府促进经济发展和维护社会稳定的决策部署相得益彰。总之，充分发掘并发挥宗教整合社会的积极作用，可以使我们在法治和制度手段之外，拓展出一条引导信教群众投身社会主义和谐社会建设的有效途径。

3. 发挥各族群众在构建社会主义和谐社会中的主动性和创造性是新疆公民政治行为理念建设的根本取向

新疆的现代化不会从天上掉下来，终究还要靠各族人民自己的力量来实现，新疆各族人民一定要牢固树立起这个信念和信心。党的十六届六中全会《决定》强调，我们要构建的社会主义和谐社会，是在中国特色社会主义道路上，中国共产党领导全体人民共同建设、共同享有的和谐社会，提出要调动一切积极因素，形成促进和谐人人有责、和谐社会人人共享的生动局面，寓意十分深远。我们讲，构建和谐社会，党的领导是关键，政府主导很重要，而人民群众是和谐社会的主体，也是和谐社会建设的主力军。构建社会主义和谐社会是新疆各族人民实现自己的利益、创造美好生活的共同事业。推进社会主义和谐社会建设，需要政府主导，离不开国家大力支持，但最根本的还是要各族群众的广泛参与和共同努力。全社会人人都要做和谐社会的建设者、促进者，不能幻想政府会把什么都包下来，不能坐等国家赐给新疆一个现代化的和谐社会。新疆各族人民要不断坚定自尊、自强的政治行为理念，大力发扬自力更生、艰苦奋斗的精神，以坚忍不拔、百折不挠的斗志做好各项工作，用自己勤劳的双手创造美好生活、建设和谐新疆。要立足岗位，勤奋工作，弘扬创新精神，倡导和谐理念，用诚实劳动和模范行为做和谐社会的建设者、推动者、促进者。要坚持尊重社会发展规律和尊重人民群众历史主体地位的一致性，在全社会形成尊重劳动、尊重知识、尊重人才、尊重创造的良好风尚，弘扬自力更生、顽强拼搏、团结协作的昂扬精神，倡导自主创业、艰苦创业、和谐创业，营造鼓励人们干事业、支持人们干成事业的社会环境，不断开创构建社会主义和谐社会的生机勃勃的局面。

第三章 新疆公民政治行为理念 建设制约因素分析

　　人类社会是由经济、政治、文化、社会等因素组成的，它们之间相互联系、相互影响、相互作用，共同构成一个复杂的有机整体。政治行为理念作为政治主体对政治体系、政治活动过程等各种政治现象以及自身在政治体系和政治活动中所处的地位和作用的一种态度和价值取向，其产生、存在和发展，是受特定的社会经济、政治、文化、社会等因素制约的。

　　经济是政治的基础，政治是经济的集中表现。政治行为理念不管是内敛为理念还是外化为行为，它都不是也不可能是人头脑中的固有之物，它只会是而且必然是客观物质世界的规律性在人类意识中的"投影"或者"映射"，而这种"投影"或者"映射"，无论其怎样的千差万别或光怪陆离，都根源于人类的经济生活，决定于特定的经济环境和经济发展水平。虽然亚里士多德说过"人是天生的政治动物"①。但是，这一判断的前提是，人不能脱离必要的经济生活。事实是，在温饱都是一种奢望的时代里，人更容易接受被"统治"的命运，而无暇选择谈论"政治"的自由。经济生活确保了人这种"政治动物"成为"活物"，人的一切政治诉求和政治行为只有符合经济规律以及这种规律作用

---

　　①　亚里士多德：《政治学》［M］，商务印书馆，1981，第7页。

下的经济发展现状才具有现实性和可能性。政治信念、政治理想、政治规范、政治道德、政治价值、政治评价、政治情感、政治态度、政治动机、政治习俗,举凡与政治有关的一切行为理念因素都不是"天生的",而是在特定的经济环境的影响、促动和总体制约下后天生成的。纵观人类社会发展历史,人的政治行为理念的每一次嬗变和跃升无不留下社会经济生活的深刻的烙印。因此,经济因素乃是影响公民政治行为理念建设的最基础和最具决定性的因素。

　　公民政治行为理念的建设除了要建立在与之相适应的一定社会经济发展基础之上外,同时还依赖于公民参与政治的实践活动。公民在政治参与中获得政治认知、政治评价和政治心理,并以此为指导对社会政治发展做出总体的评价,决定今后的政治选择和政治行为,进而以"政治人"的姿态进入社会。而任何国家公民的政治参与都是在一定社会的政治制度和体制下进行的。"在处于现代化之中的社会里,扩大政治参与的一个关键就是将乡村群众引入国家政治。"① 政治制度和体制或详尽或粗疏、或具体或抽象地规定了公民参与政治的资格、形式、范围等。政治制度和体制环境不同,必然会深刻地影响着公民政治参与的广度和深度,进而制约公民政治行为理念建设的水平和质量。因此,社会能否为公民提供一个完善的政治制度和体制环境就成为公民政治行为理念建设的重要制约因素。

　　文化是人类在改造世界包括改造人自身的对象性活动中所创造的一切"人化"的事物,是人类所创造的"人工世界"及其人化形式。文化渗透在人类社会的一切方面,随着人类社会的发展而不断地由低级向高级、由片面向全面发展。反过来,由人类

---

① 塞缪尔·P.亨廷顿:《变化社会中的政治秩序》[M],三联书店,1989,第68~69页。

所创造的文化，聚集并积淀为"社会遗传密码"，又塑造着人类，形成特定时代的特定的"行为理念人"。文化扩大了人的认识的主体性，提供人的认识背景，是各民族自我认识、自我意识的重要途径。对于一个民族而言，文化对人具有的教化功能，集中表现为建构民族心理，造就民族性格，形成民族传统，塑造民族精神。因此，文化作用和影响着公民政治行为理念的形成和发展，对公民政治行为理念建设具有重要的制约作用。

人是社会的产物，人的本质是由社会关系决定的。马克思指出："人的本质不是单个人所固有的抽象物，在其现实性上，它是一切社会关系的总和。"① 人类社会作为一个复杂的有机体，除了包括经济、政治和文化等基本因素，还包括历史传统、地理环境、民族关系、人口等一系列社会因素。因此，公民政治行为理念建设除了受制于社会的经济、政治和文化的发展，同时还受到历史传统、地理环境、民族关系、人口等一系列社会因素的制约。

由此可见，公民政治行为理念建设是受特定社会的经济环境和经济发展水平，政治制度或政治体制环境，文化，以及历史传统、地理环境、民族关系、人口等因素制约的。同时，人类社会发展是一个动态的历史过程。经济、政治、文化、社会等因素对公民政治行为理念建设的制约也是一个动态的历史过程。从人类社会发展的历史来看，特定社会经济、政治、文化、社会发展取得的成就会对公民政治行为理念建设起到积极的促进作用；从人类社会发展的趋势来看，特定社会经济、政治、行为理念、社会发展的相对不足又会对公民政治行为理念建设起到消极的阻碍作用。

正是以上述观点作为学术进路，研究新疆少数民族地区多元

---

① 《马克思恩格斯选集》第 1 卷 ［M］，人民出版社，1995，第 60 页。

文化背景下公民政治行为理念建设的制约因素拟围绕新疆经济、政治、文化、社会4个因素对新疆少数民族地区多元文化背景下公民政治行为理念建设的积极作用和消极影响两个层面，全面分析和把握新疆少数民族地区多元文化背景下公民政治行为理念建设的制约因素，以期提升公民政治行为理念，推动民主政治建设，促进新疆经济社会又好又快地发展。

一 经济发展对公民政治行为
理念建设的制约影响

1. 新疆经济发展与公民政治行为理念的良性互动

新疆维吾尔自治区成立以来，特别是改革开放以来，新疆在经济制度的建立和巩固、经济体制的改革和完善、生产力的发展、人民物质生活水平的提高等方面取得了巨大的发展和成就。这些发展和成就对公民政治行为理念的建设起到了积极的促进作用。

（1）社会主义生产资料公有制的确立和发展为新疆少数民族地区多元文化背景下公民政治行为理念建设提供了制度保障

在阶级剥削和阶级压迫的社会中，新疆的社会特点是：经济落后、生活贫困、社会腐败、政治昏聩。生活在艰难困苦中的新疆各族人民，一方面没有独立的经济地位，社会没有为他们提供哪怕是最一般的表达政治愿望的基础；另一方面，其摆脱压迫、改善生活状况和生活水平的基本要求得不到满足。郁结于中，必然要发之于外，那些被生活所迫、对社会不满、对统治者彻底失望的人们便只有在体制外寻求出路，于是，起义、暴动、革命便成了新疆各族人民最无奈、最必然也是最经常的行为选择方式。在这种思维模式和行为方式下，我们很难在旧时代新疆各族人民群众的政治行为理念中发现太多服从、拥戴和赞颂内容的政治观，相反的，倒是充斥着若干隔阂、敌视、仇恨与反叛内容的政治观。

自治区成立以来，特别是改革开放以来，新疆建立了以公有制为主体，多种所有制经济共同发展的基本经济制度，新疆各族人民成为生产工具的主人和社会财富的真正拥有者。经济上的独立带来了政治上和人格上的独立，这种独立地位的确立为新疆各族人民以主人翁的姿态参与和影响社会经济生活、政治生活奠定了坚实的基础。也只有在这一基础之上，新疆各族人民崭新的政治行为理念的形成和发展才有了制度上的保障和依托。由此，在新疆各族人民的政治行为理念中开始出现了有别于以往一切世代的全新内容的政治观——如一切权力属于人民，人民的利益高于一切，劳动最高尚，人民是社会财富的真正创造者和历史的最终缔造者等等。经济地位的改变，一方面使新疆各族人民最大限度地了解到国家及地区的政治发展状况，打破了政治神秘的倾向，消除了过去那种明显的身份差异感，享受到相同的政治权益；另一方面，增强了新疆各族人民的主人翁意识，调动了他们管理国家，参与国家政治生活的积极性、主动性，从而使他们真正认识到"政治"是管理人民大众的事情，是自己的事，而不是少数人的事、领导的事、国家的事，新疆各族人民的政治观发生了根本性的变化。本课题问卷调查显示，新疆绝大多数公民对政治基本价值的评价是持积极肯定态度的，72.1%的人选择"政治是大家的事"（少数民族中有75.4%的人选择该项）；85.9%的人认为"关心政治是好事情"（少数民族中有88.8%的公民选择该项）；66%的人认为"对待政治的最好态度是积极参与"（少数民族中有72.5%的公民选择该项）。另外，在调查中发现，当问到"您认为对政府的影响最积极有效的是什么活动时"，在问卷给出的18个选项中，汉族和少数民族公民选择最多的都是"通过人民代表反映意见"，虽然比例都不高，但从中可以看出新疆公民政治素质的提高。同样，当问到"假如您想对政府的决策提出意见，您会采用哪种方法"时，在给出的 10 个选项中汉族和少数民族公民选择较多的都是"向政府有关部门反映"和"向人民代表反映"。可见，新疆少数民族地区公民政治行为理念中政治观的内容是在私有制条件下和旧的剥削制度中根本无法产生的，正是由于社会主义经济制度的建立和巩固，公民政治行为理念中才会出现这些全新内容的政治观。

（2）社会主义市场经济体制的建立和发展为新疆少数民族地区多元文化背景下公民政治行为理念建设提供了动力支持

社会主义制度建立后，为了促进社会生产力的发展，新疆如同全国一样实行了高度集中的计划经济体制。它的特点是国家运用指令性计划，直接掌握、控制人财物资源；权力主要集中在政府各级行政部门手中，所有的经济活动都在计划规定的范围内进行。不可否认，这种高度集中的计划经济体制，与当时我国社会主义工业化初期的经济条件和经济发展要求是相适应的，并在当时发挥了积极作用，为新疆公民政治行为理念的形成提供了制度保障和物质基础。但是随着社会主义建设的发展，经济规模不断扩大，经济联系日益复杂，这种经济体制的弊端逐渐显露出来：政企不分，条块分割，国家对企业统得过多过死；忽视商品生产、价值规律和市场的作用；分配中的平均主义严重；经济形式、经营方式单一化。这些弊端不仅在经济上严重阻碍了生产力的发展，使得本来应该生机盎然的社会主义经济在很大程度上失去了活力，而且在公民政治行为理念上严重地压制了公民参与政治的积极性、主动性和创造性。在计划经济条件下，公有制成了由政府官员管理的国家所有制，政府官员通过对国有财产管理实际上控制了社会的生产资料和生活资料，从而也抑制了公民从事活动的权利包括参与政治的权利，使公有制对公民政治参与意识的推动变得名存实亡。

十一届三中全会以后，邓小平领导中国共产党总结了历史经验，指出中国要发展，在坚持社会主义基本制度的同时，必须对原有的经济体制进行根本性的变革："要发展生产力，经济体制改革是必由之路。"① 由此，新疆与全国一道进入了改革开放的新时期，开始了市场取向的经济体制改革。经过近三十年的经济体制改革，新疆初步建立了现代市场经济体制。这一体制的建立，不仅大大解放和发展了新疆的生产力，而且为新疆公民政治行为理念的形成提供了条件。首先，市场经济为公民形成政治参与意识提供了产权保证。在社会主义市场经济条件下，改革将会改变计划经济体制下产权模糊的状况，产权将向社会化方向发展，产权更加明晰，公众由于拥有了更为直接的利益，参与政治的愿望也必将增强。其次，市场经济为公民形成政治参与意识提供了必要的物质和设备保障。市场经济改变了阻碍经济发展的僵硬的计划经济模式，解放了社会生产力，从而必将促进经济发展。同时，经济发展必将促进交通和通信技术的发展，这将为政治信息的传播和人们获取政治资源提供必要的技术设备保证，为公民形成在共同利益基础上的共知与共识创造了条件，促进现代公民政治行为理念的形成。

（3）经济发展取得的巨大成就为新疆少数民族地区多元文化背景下公民政治行为理念建设奠定了坚实的物质基础

新疆和平解放以前，半殖民地、半封建的社会制度及落后的生产方式，严重地阻碍了新疆经济社会发展进程，经济发展落后，生产水平低下，几乎没有现代工业，处在单一、封闭的自然经济状态。这种落后的经济发展状况严重限制了人们参与经济活动的能力和范围，从而丧失了公民政治行为理念形成的物质基础，导致公民对政治参与表现出冷眼旁观、无动于衷甚至麻木不仁。

---

① 邓小平：《邓小平文选》第三卷［M］，人民出版社，1993，第138页。

　　自治区成立以来，特别是改革开放以来，在党中央、国务院的亲切关怀和全国人民的大力支持下，自治区党委、人民政府带领全区各族人民，抓住机遇，团结奋斗，锐意进取，新疆国民经济实现了健康、持续、快速的发展，经济基础增强，综合经济实力提高，经济规模扩大，和全国同步进入了全面建设小康社会的历史新阶段，成为西部经济增长较快的省区之一，出现稳定、繁荣、富强、文明的新局面。新疆经济的巨大发展为公民最大限度的参与经济活动提供了广泛的空间，从而为公民政治行为理念的形成奠定了坚实的物质基础。目前，新疆公民关心政治、参与政治的积极性和主动性明显提高，特别是新疆的部分少数民族同志，他们能以积极的心态介入政治生活，希望通过各种政治参与形式来直接或间接地影响政府决策，从而争取、实现和维护自己的利益。本课题问卷调查显示，少数民族同志在家庭中经常谈论时事政治的有32%，汉族同志选择该项的是22.6%；少数民族同志在工作单位经常谈论时事政治的有32.1%，汉族同志选择该项的是28.2%。少数民族同志"对本地方党政机关发布的决定知道一些"的有53.4%，汉族同志选择该项的是33.4%。少数民族同志"经常关注政府或政治事务"的有32.4%，汉族同志选择该项的为15.2%。可见，新疆经济的巨大发展提高了公民关心政治、参与政治的积极性和主动性。

　　（4）人民物质生活水平的提高为新疆少数民族地区多元文化背景下公民政治行为理念建设提供了物质保障

　　政治需求，是人类高层次的精神需求。当温饱问题，生存、安全等问题基本解决后，人们的注意力便会更多地转向政治生活领域。改革开放以来，随着国家加大对新疆的支持和新疆经济的迅速发展，新疆城乡居民的收入水平得到大幅度的提高。2007年，全区城镇居民人均可支配收入10313元，比2000年增长82.7%，比1978年增长31.3倍；农村居民人均纯收入3183元，比 2000 年增长 96.7%，比 1978 年增长 25.7 倍；城镇居民人均住房使用面积和农村居民人均居住面积分别由 1980 年的 5.42 平方米和 7.8 平方米提高到 2007 年的 20.38 平方米和 22.45 平方米。经济的发展和收入的提高，新疆各族人民的生活有了巨大改善。

随着物质生活水平的提高，公民开始更多地关注政治，更多地参与政治生活。他们不仅要求政治与法律上的平等，有知政、议政、参政的权利和机会，而且要求能亲自行使政治权利，影响政府决策，以真正实现和满足自己或群体的利益。因此，现阶段，新疆公民的政治需求呈现出越来越高和多样化的趋势。

2. 新疆经济发展滞后导致公民政治行为理念的缺失与不足

伴随我国社会主义经济制度的建立，特别是十一届三中全会以来以公有制为主体，多种所有制经济共同发展的基本经济制度的建立，为新疆公民政治行为理念建设提供了制度保障；社会主义市场经济体制的建立和发展为新疆公民政治行为理念建设提供了动力支持；经济发展取得的巨大成就为新疆公民政治行为理念建设奠定了坚实的物质基础，人民物质生活水平的提高为新疆少数民族地区多元文化背景下公民政治行为理念建设提供了物质保障。但由于历史和现实的原因，新疆经济发展与内地相比还存在一定的差距，从而制约了公民政治行为理念的建设。

（1）新疆经济发展相对落后，人民生活水平相对低下，导致公民的政治认同感较低，公民政治行为理念建设的内动力不足

新疆经济发展的规模、水平、资源利用率、劳动生产率、产品附加值等相对较低，经济发展水平落后，这是一个不争的事实。而且，由于市场经济的发展，新疆与内地经济发展的差距日益扩大。这种状况导致新疆人民生活水平普遍偏低，部分落后地区的人民尚且生活在缺衣少穿、食不果腹的贫困线以下。拮据窘迫的境遇使得他们很容易将内心的不满情绪归咎于政府和现行政

策，进而追问和质疑管理者的驾驭能力乃至个人品行。在这种逆反情绪的支配下，公民的政治认同感与现实政治感受严重疏离，变得极为脆弱，甚至发生偏转乃至扭曲，由此导致公民政治行为理念建设的内动力不足。

（2）新疆经济发展水平不高制约法制发展水平，造成公民政治行为理念建设的外动力缺失

法制以意志的自由性对抗权力的专断性，以严格的规范性制约行为的恣意性，以彻底的民主性激发维权的自觉性，以充分的救济性调动公民参政议政的积极性，以内容的公开性和程序的缜密性抵斥政治行为的隐秘性和无序性，以高度的科学性促成政治行为理念的正确性和坚定性。概言之，法制是市场经济中最有效、最规范、最可以信赖的力量，也是市场经济条件下影响和雕塑公民政治行为理念的制度瓶颈。但法制对市场经济和公民政治行为理念的影响是能动的，同时又是第二性的，它最终要受制于一国或一地区的经济实力和发展水平。也就是说，唯有经济发展了，法制才有发展和不断完善的基础和可能；而法制的不断发展与完善又会反过来作用和影响经济的发展和公民的经济行为和政治行为。这种相偕相长的情形在全国经济较发达地区的改革发展实践中反复得到验证。例如，在全国范围内，许多有关经济内容的法律制度都是先在沿海地区开始制定和率先实行，几年后再推广到全国其他地区的，如听证制度、地方选举制度、公司制度、银行资本充足率制度、住房按揭制度、外方资本的引入和使用制度等等。这些制度在为地方经济发展创造良好的法制氛围的同时，也为该类地区民主政治的发展搭建了制度平台，对公民政治行为理念的成熟和相应的政治参与行为起到了积极的培育和推动作用。反观西部经济欠发达的少数民族地区，立法先行的事例则几近空白。对比之下，清晰可见的一条的规律是：拥有经济与财力资源越丰富的地区，解决社会问题方法的选择性就越多，法制

也就越容易完善；缺乏经济与财力资源的地区，解决社会问题方法的选择性就越少，法制也就越不容易完善。进一步推论：当区域之间的经济与财力资源差异越大时，区域之间法制完善的程度之间的差异就越大。同时，区域之间公民思考、参与、影响政治的能力和水平之间的差距也就越大。新疆少数民族地区法制发展中的差距，一方面折射出新疆经济发展水平与内地的差距；另一方面也反映出新疆公民与内地公民在政治活动所必备的外在环境和制度建构上的差距，造成公民政治行为理念建设的外动力缺失。

（3）新疆市场经济体制不完善，导致公民政治参与的主动性和自觉性降低，公民政治行为理念建设的进程缓慢

以上的"内动力不足"和"外动力缺失"尚未真正触及问题的深层，或者说只是影响公民政治行为理念的一种先期情结和外在表象，而由此导致的政治参与热情和政治参与能力的降低才真正令人担忧。受新疆少数民族地区经济发展现状的影响，新疆市场经济基础薄弱、二元结构特点突出、市场发育迟缓、垄断经营程度较高、市场主体不完善、市场经济观念落后，公民通过市场手段和高科技手段掌握和运用政治信息、政治资料的能力较弱，加之随着市场经济的发展，地区利益格局发生了一些调整，部分公众的切身利益受损，而相应的配套制度却不够完善，造成该地区公民的政治参与路径不足、资源有限，利益诉求机制不健全。这种状况导致公民对政治无心盼顾、处之漠然。即便公民参与政治活动也是通过他人或外力的引导、劝说、动员、甚至威胁等方式被迫参与政治生活。当前，新疆公民政治参与的主动性和自觉性很低，真正出于自觉、自愿、自主意识参加国家政治生活的公民所占比例仍然不高。绝大多数公民缺乏政治主体意识，往往把自己当做国家和政府的附属物，一般只在上级、组织和其他外力的安排和强制下，才参与或者说"应付"一定的政治活动。颇为耐人寻味的是，在本课题相关调研中，接受问卷调查者明确

认为"政治是一件好事情"的比例高达 85.9%，而认为"政治是一件坏事情"的不足 4%，二者的比例悬殊。但在认为"政治是一件好事情"的公民中却有近 40% 的人又明确表示不愿意参与政治。对公民的政治环境而言，阒然无声甚至比鼓噪喧腾更为有害，因为在漫无边际的大众化政治冷漠面前，政治信息的启迪作用和政治工具的鼓舞作用将失去用武之地，它也会使经济落后地区原本就比较脆弱的政治链条变得更加稀松羸弱和风雨飘摇。当前，新疆少数民族地区麻木不仁的政治冷漠已成为公民参与国家政治生活的极大障碍。它无形中为封建主义残余和官僚主义的恣意横行起到了擂鼓搭台、助纣为虐的作用。它在事实上掩护和怂恿了封建主义残余和官僚主义行径，使他们可以毫无顾忌地为所欲为或甚嚣尘上。所以，"最应当反对的是漠不关心，而不是无政府状态或专制，因为漠不关心可以几乎分毫不差地创造无政府状态和专制。"①

（4）新疆经济发展缺乏大规模的经济利益集团，导致公民政治信念和政治诉求的群集性较差，公民政治行为理念建设的质量和水平较低

新疆少数民族地区经济不发达的一个显著标志就是缺乏重工业、大型企业和地区大型工业集团，从宏观的角度看，地区经济的发展没有形成大规模的利益集团，而大规模的经济利益集团是生成较为固定的政治信念和政治诉求的前提。在新疆经济发展中，由于各族群众并没有结成以大的企业利益集团为背景的具有共同利益基础的群集或集团，因而公民的政治理念和政治诉求明显缺乏逐利意义上的整体性和群集性。（注意，我们在这里所讲的是"逐利意义上的"整体性和群集性，在较为严格的政治观念的意义上，这种整体性和群集性在社会主义的主体政治框架下

---

① 托克维尔：《论美国的民主》[M]，商务印书馆，1988，第 894 页。

是事实上存在的。）他们的政治理念和政治诉求同他们的经济地位一样，是相对自我的，但又是十分孤立的；是局部的、个体性的，而不是整体的、群集性的。他们也许不乏生动的经济个性和政治个性，但却严重缺乏稳定的经济共性和政治共性。换一种说法就是，在经济上他们更多地表现为单个的"一"，而在政治上他们则更多地呈现为孤立的"我"。正如经济是政治的基础一样，经济地位也是政治地位的基础。"一切权力属于人民"是一项宪法原则，但这一原则的实现同样要服从严酷的经济法则，在人民不能以群集和整体的方式真正占有社会物质财富的情况下，或者说，当公民的政治观念、政治诉求、政治理想得不到强大的、以集团形式出现的利益共同体的支持的时候，"一切权力属于人民"就会异变为"一切权力作用于人民"，这种权力属性的悄然换位或李代桃僵，最终损害的是公民的政治利益和政治权利。不难预见的是，新疆少数民族地区经济发展的集约化、规模化和集团化尚需假以时日，因而在相当一段时间内，该类地区公民政治理念和政治诉求很难达到群集性，即使在纯粹政治的意义上暂时达到了这种群集性，但由于缺乏共同的利益基础，这种群集性也很难稳定和持久。这种现象就会使得新疆地区公民的政治素质、政治观念、政治信念显得相对零落和分散，呈现出一种"整体的不成熟"，在新疆，这种不成熟在政治参与、政治认同、政治敏感度、政治资讯的占有和处理等方面，表现得十分明显。

二　政治发展对公民政治行为理念建设的制约影响

1. 新疆政治发展成就公民政治行为理念的制度要因

新疆作为祖国不可分割的一部分，在中央的统一领导下，建立了人民民主专政、人民代表大会制度、中国共产党领导的多党合作与政治协商制度等一系列社会主义的政治制度。这些政治制度保证了中央政权对新疆区域政权的领导和管理时的国家一体化的性质、内容和发展方向，从而使新疆公民政治行为理念与全国公民的政治行为理念具有主流共通性。同时，由于新疆的区位要素以及区位发展所依存的自然、历史、社会、人文环境的差异性和多样性，新疆少数民族地区实行了与汉族地区和内陆地区不同的民族区域自治政策等具有区域特色的政治制度。这些区域政治制度的建立和实施对新疆少数民族地区多元文化背景下公民政治行为理念建设具有促进作用。

（1）民族区域自治制度为新疆少数民族地区多元文化背景下公民政治行为理念建设提供了制度保障

1955年10月1日，新疆维吾尔自治区成立，建立和实施民族区域自治制度。这一制度的建立和实施促进了新疆公民政治行为理念建设。

首先，民族区域自治制度为公民政治行为理念建设提供了政治立法保障。从1953年12月到1954年11月，新疆共建立7个乡级、6个区级、6个县级、4个专署级、1个行署级的民族自治地方。1955年2月，新疆省人民政府发布命令，规定将相当于行署级和专署级的民族自治地方改为自治州，相当于县级的民族自治区改为自治县，县属区乡级自治区改为民族乡。至此，在新疆13个世居民族中，除乌孜别克、塔塔儿、俄罗斯、满等民族因人数过少且较为分散，不适合建立民族自治单位外，其他少数民族都建立了民族自治州、自治县和民族乡。新疆现有哈萨克、柯尔克孜、蒙古、回4个民族的5个自治州，哈萨克、蒙古、回、塔吉克、锡伯等5个民族的6个自治县，以及43个民族乡，是全国唯一一个拥有省县乡三级地方行政区划的民族自治区。1988年颁布的《新疆维吾尔自治区民族语言使用管理暂行规定》和1993年颁布的《新疆维吾尔自治区语言文字工作条例》，从法律上保障了各少数民族使用本民族语言文字的权利，为新疆民族区域政治发展提供了制度上的保证。截至 2004 年年底，新疆维吾尔自治区人大及其常委会共制定地方性法规 187 件，法规性决议、决定 101 件；批准地方人大制定的地方性法规 37 件，单行条例 3 件，自治区政府制定的行政性规章 181 件。这些自治机构的建立和法规的颁布与实施，为公民政治行为理念建设提供了政治立法保障。

其次，民族区域自治制度和基层民主自治制度为公民政治行为理念建设提供了政治参与新途径。新疆多数地州市的专员、州长和市长都由少数民族干部担任。目前，自治区政府正副主席中 60% 是少数民族干部，党政群机关省级、地（厅）级领导干部中少数民族干部占总数的 55.36%。自治区 14 个地（州、市）行署（政府）主要负责人（除克拉玛依市外）均由少数民族干部担任，99 个县（市、区）长中少数民族干部 82 人，占总数的 82.8%。在 2003 年选举产生的自治区第十届人大代表中，代表总人数 550 人，其中少数民族代表 363 人，占总人数的 66%，高于少数民族在新疆总人数所占 59.4% 的比例。① 另外，基层民族地区实行乡级直选。这一选举方式，一方面使公民在政治选举的过程中了解了民主政治的实践环节，另一方面使公民和参选人员对政府官员和权力结构的服务对象和服务方式有了直接的感性认识。而全国范围内统一实行的信访制度的加强也为公民诉求的表达提供了直接的途径。

再次，民族区域自治制度为公民政治行为理念建设提供了政治认知新内容。作为中华人民共和国的重要组成部分，新疆地区的民主政治建设坚持社会主义政治文明与精神文明、物质文明的

---

① 新疆维吾尔自治区统计局编《2005 年新疆统计年鉴》［M］，中国统计出版社，2005。

并行发展，在全社会树立了基本的民主、发展观念。依法治国、为人民服务、坚持党的领导是全疆人民在政治文明建设中的共识。同时，新疆地区的民主政治建设还有民族地区的自身特色——在全社会树立"汉族离不开少数民族、少数民族离不开汉族、各少数民族之间相互离不开"的思想也成为公民政治行为理念中的重要内容。从1983年到2008年，自治区党委连续25年开展的"民族团结教育月"活动，不仅表彰了一批先进单位和个人，而且在全社会树立了民族团结和民族进步的典范，为公民政治行为价值标准提供了新的内容。

最后，民族区域自治制度为公民政治行为理念建设提供了政治评价新标准。新疆各民族自古以来就有着自我管理的传统，因此，在新疆所实行的民族区域自治制度对于实现民族平等和民族自治有着根本的制度保障作用。同时，民族区域自治制度关注新疆的独特民族构成，使民族区域自治制度得到了新疆广大人民的拥护。在一项对"党的民族政策和民族区域自治制度的认识"的调查中，"表示坚决拥护的占41.1%，认为'政策好，但执行不好的'占43.7%，认为'还存在一些问题，需要进一步修改的'占13.5%，表示不拥护的占1.7%"[①]。这表明尽管对党的民族政策和民族区域制度有着一些不同的意见，但实施民族区域政策还是得到了绝大多数公民的认可的；面对影响新疆稳定的三股势力的渗透，新疆各族人民也能够给予明确的认识。在问到"你对新疆社会稳定重要性的看法"时，有65.16%的人认为"很重要"，28.34%的人认为"重要"，这说明绝大多数新疆公民对保持新疆社会的稳定性有着明确的认识。"当问到'你对影响新疆稳定的主要危险来自民族分裂主义和非法宗教活动'时，认为'符合我区

---

① 李建生：《当前新疆各民族群众心态的调查分析》［J］，《新疆社会科学》2003年第2期。

实际'的占 49.85%，认为'基本符合我区实际'的占 32.1%。"①
这表明新疆各族群众对于新疆社会发展和政治稳定的主流价值判
断标准与我国现行的政治制度设计是一致并且契合的。

（2）党的宗教信仰自由政策适应了新疆少数民族地区多元
文化背景下公民政治行为理念建设的内在要求

新疆地处亚欧大陆腹地，自古就是东西方经济、文化理念交
流的主要通道和枢纽，这一特殊的地理位置使新疆成为各种宗教
传播与交会的地方。当前，新疆作为一个多种宗教并存的地区，
佛教、道教、基督教、东正教、伊斯兰教在新疆都有信教群众。
其中伊斯兰教是新疆的主要宗教，大约有 10 个民族基本属于全
民信教，包括维吾尔、哈萨克、回、柯尔克孜、塔吉克、乌孜别
克、塔塔尔、东乡、保安、撒拉。尽管在这些民族中，一些群众
不信教，也许宗教信仰对其政治理想信念和政治生活的影响较
淡，但由于伊斯兰教的宗教教义往往与民族日常生活相连，宗教
对社会的影响实际是全民族的而非仅对信教群众产生影响。这就
进一步强化了宗教信仰对公民社会生活乃至政治生活的影响，使
宗教问题往往与社会政治评价相联系。党的宗教信仰自由政策在
此意义上也与公民政治行为理念建设有着密切的关系。

首先，党的宗教信仰自由政策使民族政治心理出现世俗认
同。宗教与政治作为自国家产生以来就伴生的社会博弈力量，对
国家和地区的政治发展方向和政治稳定工作产生着深远的影响。
"特别是在进入现代民族国家进程中，虽然有比较明确一致认可
的政教分离原则，但宗教信仰对人类个体精神权威的垄断仍然时
时处处存在、甚至左右一国的政治生活。"② 所以如何处理宗教

---

① 李建生：《当前新疆各民族群众心态的调查分析》[J]，《新疆社会科学》
2003 年第 2 期。

② 常守军：《宗教与社会主义政治文明建设——构建社会主义和谐社会的理性
思考之一》[J]，《苏州科技学院学报》（社会科学版）2006 年第 3 期。

与政治的关系，采取什么样的宗教政策既是对党的执政能力的考验，也是维持社会稳定、国家统一所必须解决的问题。江泽民同志提出的"政治上团结合作，信仰上互相尊重；法律上互相监督，信仰上相互适应"既是对党的宗教信仰自由政策的进一步诠释，也是对新时期宗教工作的指导方针。通过对宗教信仰自由的尊重，不仅使广大信教群众获得了信仰领域的自由，而且对现存的社会政治环境自觉加以维护。这种对党的民族宗教政策实践的认同与评价，最终会扩大为对党的执政地位、执政能力，乃至国家统一、社会政治价值标准的认同，从而产生对党的政治决策和政治制度的认同。

其次，党的宗教信仰自由政策的实施实现了对公民政治价值理念的引导。宗教作为相当一部分人维系精神信仰的支柱，在为宗教信仰个体提供心理调适、塑造世界观、人生观、价值观的同时，也通过社会传播的放大效应对广大非信教群众产生着社会价值的改造效应。"在公民社会里，宗教活动被定义为'一种居于国家与家庭间具有过渡性质的关联状态'。"[①] 同时作为新疆主要宗教的伊斯兰教，其主要教义中要求穆斯林要"虔诚、敬畏、坚忍、克己、廉洁、自持、实践善行"，这种对真主的服从，"不仅表现于人际交往与习俗，也渗透在哲学、文艺层面，更主要的是体现在政治、法律等制度行为理念方面"。[②] 在一项对新疆少数民族的问卷调查中，当问到"你对党的宗教政策的态度"时，表示坚决拥护的占 54.4%，认为"党的宗教政策好，但执行不好"的占 28.7%，有 83.1% 的公民认为党的宗教政策是好的。[③]

---

① 戴维·赫伯特、查立友：《宗教、信仰和公民社会》[J]，《马克思主义与现代化》2003 年第 1 期。

② 刘月琴：《伊斯兰行为理念理论及实践（下）》[J]，《西亚非洲》2006 年第 9 期。

③ 李建生：《当前新疆各民族群众心态的调查分析》[J]，《新疆社会科学》2003 年第 2 期。

这说明党的宗教政策对新疆公民的主流政治意识和政治价值理念具有一定的引导作用。

最后，党的宗教信仰自由政策的实施确保了民族政治发展的社会趋同。党的宗教信仰自由政策在新疆多民族地区的实施，使各民族在精神信仰领域找到了一条和谐相处、求同存异的发展道路。这种在精神信仰领域的自由是建立在对社会世俗政治发展领域的共同认知之上的，即对国家发展道路和祖国统一的共同维护上。这种宗教信仰自由，一方面促使公民积极维护现有的宽松政治环境，另一方面通过积极参与政治以进一步建设现代政治社会，从而积极参与到社会的政治建设和政治发展之中，在政治社会实践中形成对民主政治和依法治国的政治文明建设目标的共同认同。

2. 新疆政治发展不足造成公民政治行为理念的实践壁垒

新疆作为祖国不可分割的一部分，在中央的统一领导下，建立了人民代表大会制度、中国共产党领导的多党合作和政治协商制度、民族区域自治制度、基层群众自治制度等一系列社会主义的政治制度和体制。这些制度和体制为新疆公民政治行为理念建设提供了政治立法保障、政治认知新内容、政治评价新标准和政治参与新途径，对新疆公民政治行为理念建设起到了积极的促进作用。但由于这些政治制度和体制还存在一定的不完善性，从而制约了新疆公民政治行为理念的建设。

（1）新疆公民政治参与的制度化水平较低，导致公民政治参与的"非制度化"

当前新疆在促进和保障公民政治参与的制度建设方面存在明显的滞后态势。如基层人大代表制度不够完善，人大代表的代表性不高、参与性不足；自治组织的民主选举、民主决策、民主管理、民主监督等职能未能充分发挥；信访制度没有从根本上满足公民政治参与的制度化要求；制度设计中缺乏多元利益组织参与的渠道。特别是民族区域自治在新疆的建设实践中存在着一些问题。如新疆的立法大多重视对实体的规定，而缺乏对程序的规定；现行的法律有明显的计划经济色彩，并且与市场经济条件下新颁布的法规相冲突，法规之间没能做到相互协调；对有关部门规定的权利较为重视，而没有规定明确的义务，责、权、利矛盾突出；对公民的义务规定和权利规定不对等，承担的义务较多，权利规定不清晰；比较重视对违法行为的制裁和处罚，而忽视了法律的人文关怀；立法中宏观调控职能不够，法规与法规之间涉及的政府部门职能冲突，提高了政府办公成本。另外，新疆无自治条例。新疆公民政治参与制度建设的这种相对滞后，导致公民政治参与的"非制度化"，即公民采取不符合国家宪法、法律、规章、政策和条例所规定的制度及程序而从事影响政治决策过程的活动。美国政治学家亨廷顿曾用"政治参与÷政治制度化 = 政治动乱"[①]。这样的公式说明，当参与渠道匮乏、民众对政府提出的要求无法在现有的政治体系中得到满足时，必然转向非制度化的渠道，造成政治不稳定，出现政治动乱。近年来，新疆社会弱势群体时常通过上访、抗争等方式表达利益诉求，甚至在一些地区发生暴力对抗、冲击政府部门等活动就是公民政治参与的非制度化表现。

（2）新疆公民政治参与的"非制度化"导致公民政治行为理念建设的"非理性化"

"非理性化"是指公民在思考和参与政治的过程中所表现出的极端的、畸形的、反常的或非理智的参与意识。由于新疆公民政治参与的制度化水平较低，公民往往以上访、抗争、暴力冲突等"非制度化"方式参与政治，因此，必然在观念认知层面上形成政治认识的"非理性化"。有资料显示，新疆有相当数量的

---

① 塞缪尔·P. 亨廷顿：《变动社会中的政治秩序》[M]，生活·读书·新知三联书店出版社，1989，第51页。

公民政治行为理念中具有随大流的从众心理，在一些农牧民头脑里，听天由命的观念仍然很严重。相当数量的公民参与政治不是基于公民的责任感和对权利义务的认识，不能正确认识现实，而是凭着冲动参与政治，有时甚至是为了发泄心中的不满情绪。如在新疆乃至全国范围内以顺口溜、歌谣、手机短信、怪话、打油诗等作为表达方式的政治谣言和政治牢骚广为流传。这些政治谣言和政治牢骚误导着人们对政治现象的正确认识和评判，影响着人们正常的政治判断和对政治活动的理性参与。特别是新疆存在的间或不断的非理性癫狂。经济发展的滞后性、不平衡性，相对简单甚至原始的生产方式，较差的生活状况和生活水平，加之长期以来积淀的民族矛盾与极端民族情绪的影响，新疆的极少数人在民族极端势力的蛊惑、煽动下，会以较为强烈的方式，如反动宣传、恐怖、暴力事件等表达他们的主观愿望和政治情绪，这种"表达"得不到大多数民众的理解与支持，因而只能是背地里的、小范围的，但它确乎奉迎了少数人的政治愿望和不轨企图，因而又是持续的和不间断的，这可以称之为"间或不断的非理性癫狂"。这种癫狂的行径如果不能得到及时遏制，就会对公民政治行为理念建设产生间接的影响，情况严重的时候，甚至会混淆视听、左右民意，破坏安定团结的政治局面和正常有序的社会生活秩序。

三 文化发展对公民政治行为
理念建设的制约影响

1. 新疆先进文化的建设与发展对公民政治行为理念的促进作用

改革开放以来，我们党解放思想、实事求是、与时俱进，不断丰富和发展中国化的马克思主义理论成果，形成了中国特色社会主义理论体系。自治区党委高度重视和加强中国特色社会主义理论体系的宣传和教育，结合新疆实际，开展马克思主义国家观、民族观、宗教观、历史观、文化观教育（"五观"教育），增强对祖国、中华民族、中华文化、中国特色社会主义道路的认同（"四个认同"），确保马克思主义在意识形态领域的指导地位。同时，大力发展新疆教育事业、科学技术研究事业、文化事业。新疆先进文化的建设和发展对新疆少数民族地区多元文化背景下公民政治行为理念建设起到了积极的促进作用。

（1）确保马克思主义在意识形态领域的指导地位，为新疆少数民族地区多元文化背景下公民政治行为理念建设指明了正确的方向

改革开放以来，自治区党委结合新疆社会主义现代化建设取得的伟大成就，加强邓小平理论、"三个代表"重要思想和科学发展观的宣传和教育，将新疆各族人民的思想统一到党的路线、方针和政策上来。同时，针对民族分裂主义宣扬的以泛突厥主义为代表的民族观，以泛伊斯兰主义为主要内容的宗教观，以东突厥斯坦独立论为核心的国家观，杜撰、歪曲、篡改历史的历史观，以共同突厥文化论为重要特征的文化观，反对中国共产党的领导、反对社会主义的政治观，开展马克思主义"五观"教育和"四个认同"教育，树立马克思主义国家观，强化对祖国的认同；树立马克思主义民族观，强化对中华民族的认同；树立马克思主义宗教观，积极引导宗教与社会主义社会相适应；树立马克思主义文化观，强化对中华文化的认同；树立马克思主义历史观，正确认识、宣传祖国和新疆的历史；热爱社会主义，强化对中国特色社会主义道路的认同，确保马克思主义在意识形态领域的指导地位，为新疆少数民族地区多元文化背景下公民政治行为理念建设指明了正确的方向。

（2）新疆教育事业的巨大发展，为少数民族地区多元文化背景下公民政治行为理念建设打下了扎实的基础

百年大计，教育为本，国运兴衰，系于教育。教育是发展科学技术和培养人才的基础，在现代化建设中具有先导性全局性作用，是公民政治行为理念建设的基础。新中国成立前，新疆教育十分落后。只有一所高等学校——新疆学院，学生 379 人，教师 36 人；有中等专业学校 11 所，学生 1975 人，教师 134 人；中学 9 所，学生 2925 人，教师 172 人；小学 1335 所，学生 197850 人，教师 7705 人。学龄儿童入学率只有 19.8%。新中国成立后，特别是党的十一届三中全会以来，在党中央和国务院的领导下，自治区各级党政部门认真贯彻执行党和国家的教育方针和民族政策，恢复、整顿和发展教育事业，使新疆教育事业走上了新的发展时期。新疆把发展教育事业列入"科技兴新"的战略重点，采取一系列切实可行的措施，努力增加教育投资，调动全社会办学的积极性。在各级党委和政府的领导下，经过全区人民的共同努力，初步形成了以九年义务教育为基础，以普通中等、高等教育为骨干，以各级各类职业教育和成人教育为网络的多层次、多门类完整配套的教育体系。自治区通过大力发展基础教育、普通中等、高等教育、农村教育、职业教育、成人教育、少数民族教育等，教育事业获得了前所未有的发展。截至 2007 年末，全区有各级各类学校 6670 所，共有在校生 402.5 万人，其中少数民族学生占 58.5%；各类学校专任教师 27.2 万人，其中少数民族教师 15.8 万人；实现"普九"的人口占到全区总人口的 99.8%，青壮年文盲率已控制在 2% 以内，全区人均受教育年限为 8 年左右；有普通高校 32 所，本专科在校学生 21.64 万人。新疆各族人民的文化素质得到不断提高，这不但极大地促进了自治区经济社会的快速发展，也为新疆公民政治行为理念建设提供了扎实的基础。

（3）新疆科学技术研究事业的巨大进步为少数民族地区多元文化背景下公民政治行为理念建设提供了有力支持

新中国成立以来，新疆科学技术事业取得了突飞猛进的发展。特别是党的十一届三中全会以后，科学技术事业迎来了新的春天，呈现出空前的欣欣向荣的景象。经过 60 年的努力，新疆已建立起学科比较齐全、专业比较配套的科学技术体系，拥有一支 50 多万人的科技队伍，取得一大批具有国内外先进水平的科技成果。新疆科学技术事业的迅猛发展不但为新疆经济增长注入了新的活力，也激发了新疆各族人民投身社会主义现代化建设的积极性和创造性，为新疆公民政治行为理念建设提供了有力支持。

（4）新疆文化事业的全面繁荣为少数民族地区多元文化背景下公民政治行为理念建设提供了机遇和平台

新疆具有悠久的历史和灿烂的文化，新疆各族人民创造的民族文化是中华民族文化的重要组成部分。在党的民族区域自治政策的光辉照耀下，经过多年的建设和努力，新疆文化事业走上了前所未有的全面繁荣发展的新阶段。文化机构日趋完善，艺术精品不断涌现；广播影视事业蓬勃发展；新闻出版事业得到长足发展；文化遗产及时抢救，文物保护成效明显。新疆文化事业的全面繁荣不但增强了各族人民的自豪感和荣誉感，加强了各族人民的交流和团结，而且增强了各族人民对党和政府的高度认同。

2. 新疆文化发展的负效应对公民政治行为理念的消极影响

我国是统一的、多民族的国家，少数民族地区文化作为多元一体的中华文化的重要组成部分，新中国成立以来，特别是改革开放以来得到了巨大发展。在社会主义先进文化的建设中，马克思主义在意识形态领域的指导地位不断得到加强和巩固，对祖国、对中华民族、对中华文化、对中国特色社会主义道路的认同成为新疆公民主流的政治态度、信仰和感情。这种民族政治文化对少数民族地区公民政治行为理念建设起到了积极的促进作用。但由于历史和现实的原因，新疆少数民族地区文化，特别是民族政治文化具有一定的滞后性、封闭性和自足性，加之民族分裂主义在意识形态领域的渗透和破坏，在一定程度上制约了公民政治行为理念的建设。

（1）民族文化的滞后性、封闭性和自足性制约了公民政治行为理念建设

一个民族的文化并非直接转化为公民政治行为理念，而是在经历了政治社会化的过程之后，在政治学的语义范畴内表现为或者说特定化为民族政治文化，即"一个民族在特定时期流行的一套政治态度、信仰和感情"①，才能形成公民的政治行为理念。政治文化规定着人们的政治倾向，影响着人们对政治的关心程度和争取或行使民主权利的行为力度，支配着人们对政治行为方式的选择，从而从深层次上影响着公民的政治行为理念。这并不是说民族文化对公民政治行为理念建设没有影响，恰恰相反，民族文化是公民政治行为理念形成和发展的基础。

政治行为理念无论从词素上还是内涵上都并非少数民族固有文化的"原生物"，它更多的是西方现代政治文明和法制文明与东方行为理念嫁接、融合之后的产物。因此，这里存在一个传统政治伦理和行为理念积淀与现代政治文明相互作用与整合的过程，这一过程由于受到传统民族文化的滞后性、封闭性和自足性的影响，可能会变得比较缓慢与艰涩。在长期的简单商品经济条件的浸润下，由于新疆少数民族地区文化建设发展的相对滞后性，造成新疆民族文化具有一定的封闭性和自足性，使得新疆公民政治行为理念中一些简单的、朴素的政治心理、政治情感和政

---

① 阿尔蒙德、鲍威尔：《比较政治学：体系、过程和政策》［M］，上海译文出版社，1987，第29页。

治信念尚且处在自发状态。问卷调查显示，当问到"您认为当职工的合法权益受到侵犯时，大多数当事人的态度是什么"时，选择最多的选项是"忍气吞声，多一事不如少一事"。这部分公民对政治参与持"敬而远之"的态度：既尊重政治、崇尚政治、对政治给予积极的评价，但又回避政治，不愿意参与政治。在这种心态的支配下，人们对政治往往是躲避三舍。从根源而论，人们对政治参与的这种"敬而远之"的态度，是"崇拜权力"又"惧怕权力"等的传统政治心理影响的必然结果。可见，新疆民族文化的封闭性和自足性影响和阻碍了公民传统的政治心理意识自觉地向现代化转换的进程，这是新疆公民政治行为理念建设中存在的主要问题。对此，只有大力发展民族文化，进而通过政治社会化过程，逐步影响政治社会中的个体或群体，在社会上形成一定的政治观念、政治情感和政治态度，进而使之内化为公民的政治心理素质和心理结构，才能提升公民的政治素质和政治行为理念的塑造层次。

（2）新疆民族分裂主义利用宗教在意识形态领域进行渗透影响了公民政治行为理念建设

如前所述，新疆自古以来就是多民族聚居地区，多民族的文化和政治价值理念在一定程度上影响着新疆公民的政治行为理念。而新疆又是多种宗教并存的地区，少数民族几乎全民族都信教，民族文化和宗教文化往往交织在一起。因此，新疆宗教文化也会影响新疆公民的政治行为理念。伊斯兰教、基督教等宗教在教义宣传中都有对教民政治价值评价的宣传，在一定意义上，是利用宗教对政治统治合法性的评价与宣传，这种宣传将直接影响公民在政治参与中的积极性与舆论导向性。这种政治评价与价值理念宣传为政府或主流文化所掌握，将对社会主义政治文明建设起到一定的辅助作用，从而使新疆各族人民自觉认同社会主义先进文化的指导作用；这种评价与宣传作用如果为民族分裂分子所掌握、所利用，就会在意识形态领域与政府展开对社会主义民主法制合法性认同的争夺，为新疆民族分裂主义提供滋生的温床。

自治区成立以来，特别是改革开放以来，新疆实行宗教信仰自由政策，积极引导宗教与社会主义社会相适应，加强对宗教事务的有效管理，总体上实现了宗教文化中的政治评价和价值理念与政府主流文化的一致发展。但不可忽视的是，新疆长期受到境内外民族分裂主义的渗透和破坏，民族分裂分子制造的动乱、骚乱、暴乱甚至叛乱将许多不明真相的群众裹挟进去，把部分群众正常的、合理的政治诉求变成无序的、违法的甚至是暴力的对抗，对各族群众合法的、有序的、正常的政治生活构成了很大的心理压力，对新疆地区的民主政治建设造成了严重的破坏。特别是20世纪90年代以来，新疆民族分裂主义已经将分裂活动的重点转向了意识形态领域，而这一领域恰好正是公民政治行为理念的"敏感地带"。在这一地带，民族分裂主义分子始终不遗余力地进行的活动就是：把宗教教义神圣化，把宗教情节极端化，把民族差异扩大化，把民族关系敌对化，把民族政策丑恶化，把政府形象妖魔化。他们在新疆境内外建立组织、培养骨干、发展成员，并以多种渠道筹集资金，大量编译、印刷、散发反动宣传品，宣扬以泛突厥主义为代表的民族观，以泛伊斯兰主义为主要内容的宗教观，以东突厥斯坦独立论为核心的国家观，杜撰、歪曲、篡改历史的历史观，以共同突厥文化论为重要特征的文化观，反对中国共产党的领导、反对社会主义的政治观，散布"突厥民族至上论"、"新疆独立论"、"泛突厥共同体论"、"汉族侵略论"、"民族压迫论"、"践踏人权论"、"人口灭绝论"、"掠夺资源论"、"破坏环境论"等一系列谬论。加之西方反华势力为遏制中国，对中国推行"西化"、"分化"战略，特别是以"新疆问题"为突破口，加紧实施舆论战、心理战和法律战。他们支持纵容形形色色的"东突"组织在西方国家活动，为他们提供讲坛、经费和种种便利条件，千方百计地推进"新疆问题"国际化。民族分裂主义的上述渗透在一定程度上降低了一部分新疆公民对祖国、对中华民族、对中华文化和对中国特色社会主义道路的认同，导致他们宗教文化中的政治评价和价值理念与政府主流文化的背离，从而制约新疆公民政治行为理念建设的健康发展。民族分裂主义在意识形态领域的渗透是当前新疆公民有序政治行为理念建设和政治参与活动的最大威胁。因此，我们应当高度重视新疆民族分裂势力在意识形态领域分裂活动对公民政治行为理念和政治参与活动的影响，明察秋毫、防微杜渐，及早研究和制定应对、防范的措施，将那些可能盘踞并肆意流布在人们观念中的"政治病毒"尽早地清除，在公民政治价值评价中引导宗教文化价值评价与主流文化价值评价相适应、相协调，确保公民政治行为理念建设的健康发展。

四　社会发展对公民政治行为理念建设的制约影响

1. 新疆社会长足发展对公民政治行为理念建设的推动与促进

新疆位于中国西北边陲，面积166万平方公里，占中国国土总面积的1/6，是中国面积最大的省级行政区。新疆地处亚欧大陆腹地，陆地边境线5600多公里，与8个国家接壤，是中国西北的战略屏障，是中国对外开放的重要门户，也是中国战略资源的重要基地。

新疆是一个多民族聚居的地区，共有47个民族成分，其中世居民族有维吾尔、汉、哈萨克、回、柯尔克孜、蒙古、塔吉克、锡伯、满、乌孜别克、俄罗斯、达斡尔、塔塔尔等，2007年年末，新疆总人口为2095.19万，其中少数民族人口约占60.7%。长期以来，在党中央和自治区党委的正确领导下，新疆各族人民和睦相处，社会稳定，对新疆少数民族地区多元文化背景下公民政治行为理念建设起到了积极的促进作用。

（1）统一多民族国家的长期存在为新疆少数民族地区多元文化背景下公民政治行为理念建设提供了历史积淀

自公元前60年，西汉中央政权设立西域都护府，新疆正式成为中国领土的一部分以来，尽管在旧的社会制度下各民族之间由于不可能形成现代意义上的平等关系，民族间不可避免地发生矛盾、冲突甚至战争，甚至在清朝后期和中华民国时期出现了一些国外敌对势力和民族分裂势力对新疆的分裂活动，但中国政府始终在新疆实行着政治上的统一管理。早在汉朝就设立了西域都护府，唐朝则在这一地区设立了安西和北庭两大都护府，清朝中央政权在新疆维吾尔族最集中的地区实行伯克制度，并设立了伊犁将军管理当地军务，中华民国时期新疆省的设立，进一步加强了对新疆地区的统一政治管理。中国历史上这种统一多民族国家的长期存在，极大地促进了新疆各民族之间的政治、经济和文化交流，并增进了新疆各民族对中央政权的向心力和认同感。这实际上奠定了新疆各民族的基本政治认同——新疆是中国不可分割的一部分。

（2）平等、团结、互助、和谐的新型民族关系为新疆少数民族地区多元文化背景下公民政治行为理念建设奠定了社会基础

新疆自古以来就是多民族聚居的地区，民族间的交往历史悠久。增进民族团结、维护祖国领土完整是新疆各民族群众政治生活的核心内容。尽管历代统治阶级为了自身统治的需要施行了阶级压迫和民族压迫的政策，人为地扩大了民族间的隔阂、歧视，造成了本不该发生的民族冲突与战争，但是，所有这一切依然改变不了各族群众促进民族团结、维护新疆稳定、发展新疆各项事业的强烈愿望。这种强烈愿望在新中国成立后，始终是新疆各族人民政治行为理念和政治行为实践的主体内容。新中国成立后，新疆实行了民主改革和社会主义改造，铲除了阶级压迫和民族压

迫的政治根源和经济根源，废除了民族压迫制度，中国共产党和人民政府组织专家、学者和民族工作者进行了科学的民族识别工作，对历史上遗留下来的民族矛盾和纠纷，做了大量工作，疏通民族关系，使新疆各民族间的关系发生了根本性的变化，平等、团结、互助、和谐的新型民族关系逐步建立。长期以来，新疆始终坚持在各族群众中深入开展以马克思主义民族理论和党的民族政策为中心的民族团结宣传教育，广泛深入地开展爱国主义、集体主义和社会主义教育，大力揭露和批驳民族分裂势力散布的种种歪曲和杜撰新疆历史的谬论，肃清他们所宣扬的"泛伊斯兰主义"、"泛突厥主义"的反动影响，不断增强各族群众对祖国的认同、对中华民族的认同、对中华文化的认同、对中国特色社会主义道路的认同，不断提高各族干部群众维护祖国统一、维护社会稳定的思想政治觉悟，使各族干部群众真正懂得"民族团结则百业兴旺，民族纷争则人民遭殃"，不断提高各族干部群众维护祖国统一、维护社会稳定的思想政治觉悟。平等、团结、互助、和谐的新型民族关系为新疆少数民族地区多元文化背景下公民政治行为理念建设奠定了社会基础。

（3）民族的迁徙、人口的流动为新疆少数民族地区多元文化背景下公民政治行为理念建设提供了有利条件

新疆地处亚欧大陆的腹地，由于地理环境的特殊性，新疆自古以来就是东西方众多民族迁徙流动的大舞台，是民族的大熔炉。民族的迁徙，人口的流动，冲破了地域、民族的界限，扩大了各民族交往的范围和领域，对新疆各民族文化的传播和发展起到了一定的积极作用。新中国成立后，尤其是党的十一届三中全会以来，在市场经济条件下，随着西部大开发号角的吹响，新疆进入了全面建设小康社会的新时期，流动人口对新疆经济社会的影响也更为明显。美国西部大开发，吸收了欧洲及世界其他国家的大量移民，国内农民也向西部地区迁移，移民在美国西部开发

的过程中起到了极大的积极作用。中国也面临着西部大开发的机遇和挑战，新疆是中国西部大开发中的一个重要组成部分，新疆这块尚待开发的土地也吸引了大量的流动人口纷纷走"西口"，这些流动人口中不乏掌握一定知识和技能的人员、高科技人员及农业劳动者和经商者。新疆大量的流动人口不仅带来了新的技术和信息，繁荣了新疆的商品经济、解决了新疆本地劳动力的不足、优化了少数民族地区的产业结构、加快了新疆少数民族地区的城市化进程，形成了新疆非公有制经济的增长点，从而促进新疆经济社会的快速、健康发展，而且增进了各地不同民族间的接触交流，改变了人们狭隘的地域观念，融洽了各民族人民之间的关系，促进了民族间的文化认同和变迁，从而有利于新疆少数民族地区多元文化背景下公民政治行为理念的建设。

2. 新疆社会发展相对不足对公民政治行为理念建设的制约与阻碍

新疆是多民族、多宗教并存的边疆地区。统一的多民族国家长期存在的历史传统，平等、团结、互助、和谐的新型民族关系，公民宗教信仰自由、人们受教育程度的提高，人口的流动等对新疆公民政治行为理念建设起到了积极的促进作用。但当前封建专制主义残余思想在新疆依然存在，民族矛盾和纠纷时有发生，宗教问题的处理不尽如人意，人们受教育程度还不高，区域人口空间分布稀疏、交流欠缺等。这些社会因素对新疆公民政治行为理念的建设存在着一定的制约。

（1）封建专制主义残余思想的存在，导致新疆公民对政治产生冷漠

历代封建王朝对新疆的治理都实行羁縻政策，吸收当地少数民族上层人士参政，维护地方统治的稳定。羁縻政策的最大恶果是造成和造就了新疆上层人士及地方首领的独揽大权及骄纵心理。这种将人民大众排斥于政治系统之外的治理方式，不符合人

类社会政治发展的方向，必然退出历史的舞台。新中国成立以来，我们铲除了封建专制主义中央集权制度，实行人民当家作主的社会主义民主制度，各族人民的民主意识大大增强。但羁縻政策作为长期治理新疆的历史政策，其历史的震荡和余波尚存，在民族心理上留下的印痕不会在短时间内完全消失。加之新中国成立后，我国实行高度集中的计划经济体制和行政管理体制，权力高度集中，致使封建专制主义残余思想在当今依然存在。它使许多人对政治冷眼旁观、无动于衷甚至麻木不仁，即使参与政治也具有被动性和形式性。对公民的政治环境而言，阒然无声甚至比鼓噪喧腾更为有害，因为在漫无边际的大众化政治冷漠面前，政治信息的启迪作用和政治工具的鼓舞作用将失去用武之地，它也会使新疆原本就比较脆弱的政治链条变得更加稀松屡弱。

（2）民族矛盾和纠纷时有发生，致使新疆公民在政治上产生狭隘的民族心理、民族意识

虽然我们铲除了民族剥削和压迫的经济、政治根源，实现了各民族政治上的平等，但旧社会在民族问题上的遗毒不是短时期内可以完全消除的。加之历史和现实的原因，新疆在经济、文化发展上与内地相比差距依然存在，而且在市场经济发展中这种差距不断扩大，在某些具体权益，主要是经济权益方面，民族之间仍会发生一些矛盾和纠纷。同时，在风俗习惯和语言文字等方面，由于相互了解或尊重不够，也容易造成某些误会和纠纷。另外，在新疆，民族问题往往和宗教问题交织在一起，如果对宗教问题处理不慎或不当，也会影响民族关系甚至酿成冲突。此外，民族分裂主义分子利用民族问题在新疆意识形态领域进行渗透和破坏，挑拨民族关系，损害民族团结，制造民族分裂。新疆存在的这种民族矛盾和纠纷，致使一些公民的民族心理、民族意识过强，这样就会在公民政治行为理念中嵌入过强的利益诉求动因，继而形成一种"舍我其谁"或"唯我是从"的心理模态。由此

产生的观念性后果是公民在政治参与过程中过于追求维护本地区、本民族的经济、政治利益，最大限度地争取有利于本地区、本民族的经济社会发展政策。一旦这些要求或目标未能达成或实现，就极易在新疆公民政治行为理念建设中产生负面效应，进而危及民族团结和社会稳定。

（3）宗教管理的具体实践尚存不足，影响了新疆公民对政治的评价和认同

新疆是多种宗教并存的地区，少数民族几乎全民族信教。我国在宗教问题上实行宗教信仰自由政策，但这一政策在贯彻落实中还有诸多问题与不足有待解决，诸如其一，对宗教工作的重要性认识不足。一些干部、特别是领导干部对做好宗教工作重要性的认识不足，贯彻党的宗教政策的自觉性还不高，与党中央的要求还存在较大差距。在依法管理宗教事务中还不同程度地存在着有法不依、执法不严和不愿管、不敢管、不善管的问题，对信教群众进行保护，而对不信教群众则有时缺乏保护。其二，在基层单位，处理相关工作的组织不健全、不得力。群众在受到非法宗教的压制、打击时，没有组织为其撑腰，从而助长、纵容了非法宗教势力的发展。靠一个党员个体对抗一股有形或无形的非法势力显然是不行的。其三，对宗教事务依法管理的力度不够。虽然自治区已经相继出台了四部宗教法规，但在一定程度上缺乏可操作性。如对未经批准兴建清真寺问题，"办法"只是规定"批评教育"，而一部法规仅靠批评教育显然效力是不够的。在新疆，事实证明私办经文学校已经成为培养"三股势力"骨干分子的重要阵地。其四，宗教工作干部队伍的宗教理论素质和政策水平与发展着的宗教工作实践要求不相适应，宗教界爱国宗教团体和爱国宗教人士的作用发挥不够。引导宗教与社会主义社会相适应的具体途径、形式和办法还需要进一步在实践中加以探索和总结，对广大党员、干部和青少年的无神论教育需要进一步改进和

加强等。新疆民族宗教管理具体实践中的上述问题与不足，在一定程度上影响了公民对政治的评价和认同，从而制约了公民政治行为理念的建设。

（4）人们受教育程度不高，区域人口空间分布稀疏、交流欠缺，制约了新疆公民政治行为理念的建设

公民政治行为理念的水平和质量与所受教育程度是密切相关的。由于历史和现实的原因，新疆教育事业，特别是基础教育事业发展相对落后，公民所受教育程度较低，影响了公民政治行为理念建设的水平和质量。另外，由于受新疆不同的区域资源环境和社会经济环境的影响，新疆区域人口空间分布稀疏、不均匀。据资料显示，新疆人口密度为 8.6～11.8 人/平方公里，平均为10.2 人/平方公里。这种状况不仅导致新疆公民在经济、文化等方面交往稀少，而且使公民政治参与的时间成本、经济成本相对增加，从而制约了公民政治行为理念的建设。

总之，新疆少数民族地区多元文化背景下公民政治行为理念建设受到经济、政治、文化、社会等综合因素的制约。自治区成立以来，特别是改革开放以来，新疆同全国一道在建设中国特色社会主义事业的伟大实践中，经济、政治、文化、社会等各个方面都取得了前所未有的巨大成就，这些成就对新疆少数民族地区多元文化背景下公民政治行为理念建设起到了积极的促进作用。但新疆经济、政治、文化、社会等各方面的发展还存在很多不足，与内地相比还有很大差距，这势必会影响新疆少数民族地区多元文化背景下公民政治行为理念建设的进程。因此，今后新疆在西部大开发和全面建设小康社会、构建社会主义和谐新疆的伟大实践中，必须大力发展经济、政治、文化、社会等各项事业，以促进新疆少数民族地区多元文化背景下公民政治行为理念的建设，提高公民政治参与的水平，加快政治现代化的进程。

第四章 新疆公民政治行为理念建设的目标与途径

一 公民政治行为理念建设的意义

公民不仅是一种法律概念或形式上的政治身份，还应该具有实质性的政治内涵。所谓公民政治行为即是公民政治参与活动。这个概念在前提上强调，社会成员处在民主宪政的政治环境中，享有实质性的政治参与权利与自由，具备足够的政治行为素质与能力，能够承担相应的政治义务，具有必需的公民政治行为理念。可以说，政治参与是民主的主要内容，公民在文化素质上合格才能使民主的精髓真正显现出来。因此，公民政治行为理念的建设具有重大的现实意义。

1. 各族人民实现民主权益的有效途径

人民当家作主是社会主义民主的本质。过去由于认识偏差所致，人们往往仅在国家根本制度、意识形态层面理解它，将其简单地等同于人民统治，忽略了民主政治行为的制度化、规范化和程序化建设。由此必然产生相应的负面影响：强化"群众运动天然合理"的思想倾向，激发无序性"大民主"的行为滥觞，销蚀法律制度对公民权利的保护能力，非但不能有效地解决问题，最终还对民主建设造成严重损害。邓小平总结历史教训，指出没有民主就没有社会主义，制度建设带有根本性、长期性、稳定性和全局性。在新的历史时期，我们党认识到社会主义民主，必须借助于法制的日趋完善与实际践行才能实现。党的十六大强调社会主义民主政治建设的根本原则，是坚持党的领导、人民当家作主、依法治国的有机统一。党的领导是政治文明建设的前提，人民当家作主是重点，依法治国是执政方略。坚持依法治国，就是中国共产党领导和支持人民群众依据宪法和法律管理国家与社会事务。这种管理行为不因领导人的改变而改变，也不因领导人兴趣的转移而转移，表现为管理国家社会事务及其政治参与行为的制度化、规范化和程序化。换言之，落实人民当家作主原则，必须将政治行为纳入整个社会的制度之下，讲究行为的规范化、程序化。

对国家政治行为而言，要求完善法制并厉行法治。一是以立法质量为核心，健全法律制度。法治社会的先导是有一个完备的"良法"体系。用充分的民主参与保证法律制度的公正性和公共性，用实体法的明确与程序法的配套体现法律意志的真诚，用数量尽可能少的法律条文发挥尽可能大的社会调控效力，用法制完善与法治统一来维护法律的尊严。二是以规范权力为重点，坚持依法行政。政府机关及其公务员的职权行为必须纳入法律约束之下，目的是防止公权侵害私权（公民权利）。民事法律关系行为的标准是法无禁止即自由。由于行政法律关系双方实际上处于不对等地位，决定了职权行为须有明确的法律制度根据。对于确实需要推动却没有法律制度根据的行政行为，应该强调职权行为的预期质量，主张先行立法。在广义上说，无制度化依据的公权行为不论其动机如何，都应该在观念上视其为公权私用，是腐败行为的一种表现。三是以维护法律为中心，恪守司法独立。"良法"凝结了人民当家作主的意志，以规范公权与保障公民权利为归宿。坚持司法机关独立行使审判权，是我国的政治制度和法律制度，也是保障公民权利的最后防线。司法工作者要恪守维护法律尊严的职责，抵制任何对司法程序的干预。领导干部要避免干涉司法，对违规者应该追究责任。四是以提供服务为方向，培育法治观念。践行法治精神，需要政府真诚推动，还依赖全体公民具备法治意识与能力。这种素质直观上是规范公权的外在压力，从根本上却是公务员与公民个人都能适宜政治行为的条件。而公民（包括作为公务员的公民）具备政治行为理念与能力，除了依靠一般意义的普法教育外，重点应是国家政治行为以坚守法律意志来兑现利害关系，通过实际利益得失予以强化。全方位与高品质的法律服务实践同普法教育相结合，才能培育并收获到知法、守法、护法、维权的硕果。

对公民政治行为而言，需要具备政治参与素质。一是选举并监督人民代表。人民代表大会制度是我国的根本政治制度，体现了人民当家作主的政治意志。现代代议民主的间接参与特征，决定公民选举人民代表的必然性。达到制度设计的要求，既需强调选举规范与程序的合理严密，还要依赖选举人对被选举人的选择效果。切实保证人大代表履行职责，必须强调他们具有代表人民的广泛性，具备足够的参政热情与能力。防止人大代表的荣誉化与行政化，广大选民当然应有十足的主人翁意识，积极选择那些可以代表自己的候选人并有能力对其进行监督。二是进入公务员队伍。公务员制度提供了公民进入公共机关的通道，本着公平竞争原则可以把优秀公民选拔到政府部门，直接参与国家社会事务管理。凡是有志于或业已成为公务员的公民，在制度管理体系的调控之下，除了具备一般意义的政治能力素质外，还要特别强调其在政治行为理念方面的塑造与不断提高具有突出意义。这不仅是职业素质的文化前提，更是保持服务员本色的要求。三是有能力监督公职行为。对更多的公民而言，他们往往是公权行为的管理对象。鉴于人民主权的性质所定，当公职行为深刻影响到广大群众的利益之时，公民政治意识的到位可以确认他们有能力行使知情权、质询权、建议权、监督权等，既形成对公职人员的压力，又能保证维护自己的合法权益。四是积极参加社区自治活动。改革过程的工业化、市场化必然与社会化相伴随，单位人格向社会人格转化是必然的。形成"党委领导、政府负责、社会协同、公众参与"的社会管理格局，城乡社区将是凝聚民心、整合秩序、服务居民的重要平台。公民具有同社会化管理相对称的政治行为理念，将是其发挥"自我教育、自我管理、自我服务、自我监督"作用的题中之义。

　　人民当家作主的实质，是落实各族人民群众的公民权益。我国拥有56个民族，各民族的成员在现代政治过程中同时亦是享有平等权利的公民。为确保所有公民实现合法权益，政府运用教育与规范手段，促使公职行为适应服务政府、法治政府、责任政府的要求具有突出意义。由于公职人员也来自公民，社会所造就的公民政治行为理念便形成了公职政治行为的土壤。也就是说，全社会的公民政治行为理念发育越健全，就越能提供公职行为合理的前提，这也是降低监督成本的条件（这并不是说可以因此忽略监督本身的作用）。对更广大的公民群众来说，他们不直接参与国家管理活动，其合法公民权益的主张、维护、实现就需要在制度设置的框架之内，力求通过公民社会的发展，借助于公民政治行为理念的渐趋发达来兑现。因此，公民政治行为理念建设对于体现人民当家作主的原则就有普遍意义。同全国一样，新疆各族人民是政治生活的主人，这一地位因民族区域自治制度的确立而具有特殊的政治保障。但是，毕竟新疆是一个典型的多民族、多语言、多元文化的汇集地，各族人民在文化水平、风俗习惯、宗教信仰等方面存在差异，呈现为不同民族的公民在思维方式上的多样性、复杂性、不平衡性等特征。经过几十年发展，各族人民形成了总体一致的思想共识。可是，缘自东西部差距而产生的心理失衡会借助个别民族意识的强化显现出来，成为敌对势力进行煽动性宣传的口实，不利于新疆的社会稳定和政治发展。针对少数民族迫切的发展要求与发展能力不足的矛盾，在加大国家支持力度的同时，必须强调：解决问题的根本出路在于提高各族人民群众的素质。其中，廓清公民意识与民族宗教意识的关系，全方位提高各族公民参与市场竞争的能力，建构与西部大开发进程相适应的公民政治行为理念，提升各族公民的政治参与水平，使其享有改革发展的成果，具有更加突出的意义。

2. 建设社会主义和谐新疆的必然选择

市场经济的发展，带来利益关系的重大变化，利益分化、收入差距和利益矛盾的出现不可避免。在市场经济条件下建设社会主义和谐社会，必须注重社会公平，维护社会正义，正确反映和兼顾不同方面群众的利益，正确处理新时期人民内部矛盾，妥善协调利益关系。在政治方面，社会主义市场经济客观上要求进一步扩大公民有序的政治参与。一是市场经济的发展促进了公民利益意识的觉醒，利益原则得到社会的普遍认同，人们开始认识到追求合法利益的合理性。为了追求利益的最大化，人们普遍会通过政治参与向政府表达自身的利益要求和愿望。二是市场经济的发展产生了新的利益群体，在我国出现了如民营科技企业的创业人员和技术人员、受聘于外资企业的管理技术人员、个体户、私营企业主等一大批新的独立的利益群体。这些新生的利益群体在争取、实现和维护自身利益的过程中明确意识到政治参与对利益分配及其实现的巨大影响，因而迫切希望参与到政治生活之中。三是市场经济发展中的利益分化及其存在的一定程度分配不公，也产生了相当规模的弱势人群，他们为改变自己的生存状况和社会地位，也力图扩大政治参与的范围和力度，以给政府施加压力。所有这一切，都使我国在新阶段扩大政治参与势在必行。

扩大政治参与是市场经济的必然要求，也是社会发展与政治进步的内在需要。问题在于，从构建社会主义和谐社会出发，与维护社会公平正义相适应，扩大政治参与必须是平等参与和有序参与，它要求公民具备较为成熟的政治行为理念与能力。新疆的经济发展和群众的收入水平同全国相比，特别是同发达地区相比尽管还有较大差距，虽然基于市场经济的长足发展、公民利益意识的强化、新社会阶层的出现等原因，新疆公民不乏民主参与的潜力与愿望，但是比较而言，新疆地区公民政治行为理念的发育水平偏低则是不争的事实。在课题调研中我们发现有几点值得注意：一是绝大多数公民对政治基本价值的肯定性评价很高，而少数民族公民又明显高于汉族公民。诸如 72.1% 的公民认为"政治是大家的事"，在少数民族中有 75.4% 的人持此态度；85.9% 的公民认为"关心政治是好事情"，在少数民族中持此看法者占 88.8%；66% 的公民认为"对待政治的最好态度是积极参与"，少数民族中有 72.5% 的人持这种观点。二是公民对本地政府信任但对之施加影响的信心却不足。调查显示，44.1% 的人认为本地政府对自己的日常生活有影响但不大。涉及服从政府的原因时，回答"热爱政府"的占 14.6%（少数民族中有 18.8% 持此态度），选择"政府的决定是正确的"占 23.5%（少数民族中有 31% 持此态度），认定"政府决定合乎法律"的占 27.4%（少数民族中有 31% 持此态度），持有"服从政府是很自然的事情"态度者占 36.1%（少数民族作此回答者达到 37.8%）。涉及认为政府决定损害自身利益时是否会采取某些行动督促其修改时，34.4% 的人选择"不会"，33.7% 的人回答"说不清"，只有 22.9% 的人会采取行动。关于在实际生活中是否采取过行动对政府表达过意见的问题，63.5% 的人回答"没有"，少数民族中也有 60.9% 的人选择这个答案。三是高比例参选率与参加选举的被动性、盲从性同时存在。调查显示，基层选举人大代表的参选率高达 90% 以上，但有近 40% 的选民"随大流"，超过 60% 的选民对上一次选举人大代表的情况"不记得"了。

　　基于以上情况可作出判断：占新疆人口多数的少数民族人口由于大多处在农牧区，市场经济发展相对滞后和传统政治教育的惯性作用仍然强大，使他们在参与政治的基本态度方面较汉族公民的相对冷漠显得更为积极，但是他们除了拥有朴实的政治感情和参与心理之外，普遍缺乏作为公民的参与意识、能力与技巧，即不知道在什么环节参与和影响政府决策，在什么情况下采取什么样的参与方式可以最有效地发挥影响作用。信任本地政府与影响政府行为的信心不足和能力不够并存，基层选举的高参选率与参选的盲从性俱在，说明公民政治行为的形式化程度较高，培育和提高公民的政治行为理念可谓任重道远。新疆是一个经济欠发达地区，特别是南疆农民的生活水平有待提高。从构建和谐新疆计议，自治区党委和政府致力于解决群众最关心、最直接、最现实的利益问题，把扩大就业、健全保障、理顺分配、发展社会事业作为着力点，力求使各族群众共享改革发展的成果。同时，继续抓好抗震安居工程、扶贫开发工程、防病改水工程、农牧区合作医疗和乡镇卫生院建设、贫困地区义务教育等事关各族群众切身利益的大事。面对新时期复杂的人民内部矛盾，强调各级干部深入基层、深入实际、深入群众，注重研究把握产生问题的特点与规律，尽可能把矛盾解决在源头环节。还要求完善信访工作责任制，依法及时合理地处理群众反映的问题，深入细致地做好思想政治工作。以上举措固然重要，但要达到建设和谐新疆的预期目标，还须强调各族群众应该具备主人翁的公民意识。可以设想，通过培育、提高各族群众尤其是少数民族群众的公民政治行为理念，使其有觉悟、有能力参与政治等各种社会活动，就有希望焕发与市场经济相适应的自主观念、进取意识、竞争能力，可望延伸、放大各项政策措施的效果。

3. 促进新疆繁荣发展稳定的现实需要

　　新疆的繁荣发展稳定，以及各族人民群众的富裕生活对于全面建设小康社会具有重要意义。2006年胡锦涛总书记视察新疆，强调新疆是我国西北的战略屏障，是我国对外开放的重要门户，是我国战略资源的重要基地。这一论述，突出了新疆繁荣发展及其稳定和谐的战略地位：一是新疆的发展稳定关系全国大局。在经济方面，新疆的经济水平关系西部大开发战略的成功实施，关系我国经济战略接替区的素质，关系新疆各族人民群众的生活水平能否提高。在政治方面，新疆的和谐稳定关系着祖国统一和民族团结，关系边防巩固和国家安全，关系中华民族的伟大复兴。二是新疆的周边形势关系全国安全。"三股势力"是新疆稳定面临的主要威胁，新疆周边存在阿富汗、费尔干纳、克什米尔等三个火药桶。近年来上海合作组织协调顺利，新疆的反恐斗争也取得了重大胜利，但是"东突"问题没有完全解决，"伊扎布特"（新疆伊斯兰解放党）活动猖獗，美国支持分裂分子热比娅、推动中亚"颜色革命"、保持军事存在、拉拢印度谋划"亚洲版北约"，"三股势力"与毒品犯罪依然影响地区稳定与安全。同时，中亚有关国家的政局潜伏着危机，又使新疆的地缘政治变得复杂化，进而会对我国安全产生不利影响。三是新疆的工作水平关系中国共产党执政能力。新疆的改革发展与和谐稳定状态，反映中国共产党在这个重要地区的执政能力与领导水平。为实现新疆的全面发展，要求执政群体自觉把新疆工作放置在党和国家大局之中，增强事业心和责任感，领会和实施"稳疆兴疆、富民固边"的战略方针，做好规划、制订方案、提升统筹能力。还必须强调，执政意志的真正贯彻，离不开各族群众的真诚理解与热情参与，它还要求把武装干部与教育群众结合起来，使干部群众万众一心，共创新疆繁荣富裕和谐的美好前景。

市场经济发展，促使公民政治行为的功利性日益突出。政治参与如果同切身利益紧密相关，就表现出充足的热情；反之则出现态度与行为的某种疏离或冷漠。这个特点，在基层社会生活中

的反映更为明显。新疆维吾尔自治区成立 50 多年来，经济社会
事业长足进步，呈现出经济繁荣、政治稳定、民族团结、边防巩
固、社会发展、人民生活蒸蒸日上的大好形势。近年来，国家实
施西部大开发，对新疆的支持很大，新疆经济增长连续多年保持
了较快速度，超过全国平均增速。以石油石化和煤电煤化工为主
的优势资源转换战略取得新进展，社会主义新农村建设获得扎实
推进的良好开局，基础设施和经济环境不断优化，天山北坡经济
带势头良好，南疆经济也逐渐步入快车道，特色林果业发展迅
速。但即便这样，与内地发达省区相比，由于经济社会发展起点
低、基数小，在长期进程中虽会缩小与内地的差距，而在短期内
这个差距仍有扩大的可能。它直接造就了新疆城乡居民收入与内
地差距的拉大。据 2005 年资料显示：新疆农村居民年均纯收入
为 2482 元，比全国平均 3255 元低 773 元，仅相当于全国平均水
平的 76.2%，在全国各省区中的位次由 1990 年的第 12 位降到了
第 25 位，成为全国倒数第六。新疆城镇居民年均可支配收入为
7990 元，比全国平均 10493 元低 2503 元，相当于全国平均水平
的 76.1%，在全国各省区中的位次由 1990 年的第 14 位降到第
31 位，成为全国倒数第一。[①] 收入分配差距的扩大，制约了有效
需求增长，使贫困群体滋长失落心理，甚至这种心理失衡会产生
弥散效应。可以说，公民政治行为的功利心理与市场经济相伴
随，也体现了公民政治素质的朴素性。但这种个体性的公民自发
心理，如果因与内地收入差距拉大而演化成为影响城乡居民的普
遍性公民政治行为理念，以至于这一行为理念与个别的民族意
识、宗教意识相结合而强化，将对新疆的繁荣稳定产生不利的影
响。因此，必须重视公民政治行为理念建设，加大心态、观念、

---

① 阿不都热扎克·铁木尔：《2006～2007 年新疆经济社会形势分析与预测》
[M]，新疆人民出版社，2006，第 27 页。

思想、理念等软性力量的建设力度，寻求所有公民在心灵上的和谐，以共同价值观和共同追求来凝聚人心、动员力量，推进物质文明、政治文明、精神文明和社会建设事业全面发展。

民族宗教问题、反分裂斗争总是与历史和现实的矛盾相交错，对新疆的发展稳定产生重大影响，具有特殊的复杂性。在新疆要保持社会和谐稳定，必须强调促进民族团结、宗教与社会和谐相处、宗教之间和谐相处、信教群众与不信教群众和谐相处，维护祖国统一与坚决反对民族分裂主义具有基础性保障作用。没有民族宗教关系的和谐，就没有新疆的和谐发展；没有新疆的社会稳定，就没有繁荣发展的安全保障。一方面，民族宗教问题的实质是处理文化关系问题。民族区域自治制度、党的民族理论和政策，以及促进少数民族地区经济社会又好又快地发展，提供了解决新疆民族问题的对策条件。而从主体角度打造与社会主义核心价值体系相适应的精神动力，却是解决问题的根本出路。少数民族文化需要面向世界、走向全国，因此紧密结合时代发展，积极引导民族文化整合创新，正确处理民族文化继承与发展的关系、传统文化与现代文化的关系、本民族文化与中华民族文化的关系，使有鲜明特色又无愧于社会主义新时代的民族新文化沉淀于相应民族成员的内心深处，转化为同政治发展相对称的公民政治行为理念，具有极其关键的意义。新疆还是多宗教并存地区，信教群众占总人口的58.3%，其中伊斯兰教信众高达800万人，占全区信教人数的85%以上。调查显示，伊斯兰教对公民政治行为理念有较明显的影响。引导宗教与社会主义社会相适应，需要依法管理宗教事务。但要使"保护合法、制止非法、抵御渗透、打击犯罪"的宗旨取得深透性的贯彻效果，就必须注重爱国主义、法律政策的宣传教育，减少宗教对社会生活的负面影响。换言之，如何在公民政治价值的评价中引导宗教文化与主流文化相适应、相协调，对新疆的政治文明建设具有特殊意义。另一方面，维护稳定的实质是筑牢意识形态反分裂斗争的思想防线。稳定是新疆的大局，也是社会和谐的基本前提。保持政治局面的长治久安，除了坚定不移地贯彻中央关于新疆稳定的各项重大决策、坚决打击"三股势力"、继续开展对重点地区集中整顿社会治安的专项斗争以外，重点应放在巩固和发展意识形态领域反分裂斗争再教育的成果之上。既严肃查处"三股势力"的思想渗透行径，更注重正面宣传新疆历史、民族发展史、宗教演变史以及爱国主义思想观念，让科学正确的思想观念占领意识形态阵地，提高各族群众抵御民族分裂主义渗透的能力。

二 公民政治行为理念建设的目标

政治现代化以政治文明为目标，后者由政治意识、政治制度、政治体制、政治行为的进步性状态与成果构成。政治意识又称为政治文化，它作为政治文明的精神内核，表现为系统的政治哲学思想和人们的政治行为理念，对政治制度与体制尤其对政治行为产生指导作用。英格尔斯曾指出："如果一个国家的公民缺乏一种能赋予这些制度以真实生命力的广泛的现代心理基础，如果执行和运用着这些现代制度的人，自身还没有从心理、思想、态度和行为方式上都经历一个向现代化的转变，失败和畸形发展的悲剧结局是不可避免的。"① 少数民族地区多元文化的深刻影响，塑造了新疆公民政治行为的独特品质：有顺从与参与同在的双重属性，其中还渗透着较浓的民族宗教意识。这种政治行为理念的过渡性、特殊性，势必导致政治参与的不和谐现象。因此，新疆少数民族地区多元文化背景下公民政治行为理念的建设目标，就必然在满足共性要求的同时使个性与其兼容相济。

---

① 转引自殷陆君编译《人的现代化》[M]，四川人民出版社，1985，第 4 页。

1. 确立适应政治发展的公民身份意识

公民的主体意识，首先是公民身份的自觉与自信，它是扩大公民政治参与的前提。这种身份认同构成了公民政治行为理念的基本内核，决定人们能否形成公民政治行为理念，进而影响政治行为的方式与结果。受小农经济和封建传统观念的影响，加上长期计划经济、集权型政治体制下政治行为方式及其与之相应的政治教育的塑造，使得人们普遍缺乏作为独立人格存在的公民身份意识：一是依附于土地谋生的传统与二元结构的社会管理模式尤其是户籍制度，强化了公民在经济部门的类群性职业观念，如职工、农民和干部等。这个特点在农民群体身上体现突出。哪怕是长期外出务工的农民怀揣着身份证，也在内心中认定自己是某地某村的农民，市民对其"民工"的角色定位又凝固了这个观念。换言之，农民向来有较强的集体身份认同，鲜有独立身份的概念，呈现出公民身份的集体无意识。当他们处在市场竞争弱势时，等待求助的贫困疾苦情结再度强调了集体身份，就进一步弱化了个体人格。多数农民情愿承担这个群体的责任与义务，也分享着群体的利益与荣誉，较少有人意识到自己是有独立人格权利与义务的公民，自然对选举权与被选举权的理性意识较弱。二是官本位的文化传统及其公民尤其是农民对国家承担纳税责任的惯性，强化了人们对权力的顺从观念。在这种意识支配下，许多人存在畏惧权威、服从领导的心理定式和行为习惯，甚至在自己的合法权益遭到侵害时，只要觉得不伤根本就会忍气吞声，即便不得已抗争也常表现出莫大的悲情色彩，或者采取某些偏激做法。在人群中虽有权利意识较强的个人，但多数人在遇事时忙于用请客、送礼、行贿、私了等潜规则手段融通关节的氛围中，个别的维权行为自然势单力薄。其结果是极大地刺激做官进身的热情与欲望，增强干部群体的父母官意识，涣散政治参与行为的信心。三是意识形态教育在政治上强化了整体性的"人民"意识，某种程度上忽略了作为公民个体的公民身份观念。占主导地位的政治文化一般以思想信仰来引导和教育公民,期待产生强大的精神动力、凝聚局面。不论它借助于美好的理想主义、昂扬的英雄主义,还是红色的浪漫主义形式,如果在世俗生活中难于同公民应有的权益相对应,其促进科学、民主、法制、创新等精神的滋养就可能在实际吸收中打折扣,不能培育出公民的工具理性精神。如果一味地营造仰视英雄、强调贡献的气氛,轻则萌发审美疲劳,重则导致信仰危机。表现为部分公民的实际政治信仰处在自在状态,有人只在口头上认可社会核心价值观,个别人却在隐蔽状态下持有与主流文化相悖的思想。因此完成社会核心价值体系的世俗化,使其与公民文化耦合于一体,就是一个紧迫的目标任务。四是沉淀于家族宗法观念中的民族意识,以历史传统、语言差别、风俗习惯、交往范围、生活方式、情感倾向、心理结构、经济利益等多种方式,借助频繁的宗教仪式提示,强化少数民族公民的特定民族心理。这种情感因经济利益落差而突出,若被"三股势力"蛊惑产生狭隘情绪,则必然形成与公民意识相冲突的身份认同感,可能窒息公民政治行为理念的发育与成长。

有确定性的公民身份自觉,才能塑造完整独立的政治人格,才有真实意义的公民政治行为。这种公民身份的认同感以公民权利为核心、以身份平等为标志,无疑是民主政治意识成长的起点。构建和谐社会,要夯实社会结构稳定的基础,又要保障公民的权益。因此,培养出不但能自尊而且能自律、不但能自强而且能自胜的独立自由的个人,造就出既能伸张自己的权利,也能担当自己的责任的独立自由的个人,就是最根本性的任务。在像新疆这样一个民族构成众多、多元文化影响深远的地区,确定公民政治行为理念的建设目标,应该强调"国家—公民"结构下身份平等的"价值优先"原则。身份的平等是社会民主的必要条件,而且从根本上说它有助于纯化民风。"身份的平等,不是只依靠本身去使民情正派的，但毫无疑问它能使民情容易正派和加速正派。"① 因为确立了身份平等的价值观，就标志着每个成年人具有独立的法人资格，他的姓名本身就意味着正当的合法权利。虽然每个人仍然是某个家庭或族姓中的一员，归属于自己的民族或信仰着相应的宗教，可以具备着职业群体的心理素质，在所属的人际关系场合需要服从正常的群体共同意志，但每个人首先是国家的公民。一个人只要自己愿意，就可以超越所属的家族、民族、宗教关系，按照自己的意志不受他人左右地行使公民权利。这个权利是国家法律平等地赋予每个公民的，任何个人或族群不能阻挠。公民的平等独立身份，提供了各种族群行为规则不得与法律相抵触、与主流文化相背离的保障。从更广泛意义上说，谋求发展可以引进先进技术、管理办法，但是唯独不可以置换国民。社会作为一个有机整体，由经济、政治、文化以及人自身的观念素质构成，各个基本层面自然相互影响、相互推动。市场经济、法治社会、民主政治的真正落实，离不开人的素养和社会文化现代化的支撑，现代化的最终完成必然表现为人的现代化，人的现代化更加具有决定性意义。而人的现代化也最为艰难，它不是哪一个人、哪一部分人的问题，如前所述它是所有公民都面临的问题。因此，在少数民族地区多元文化背景下建设公民政治行为理念，必须突出确立公民身份、呼唤公民意识的重要地位。它是需要人人反思、有待改进的问题，也是提高公民素质、有效推动区域政治发展的前提。

公民意识是民主宪政的产物，至少有两层含义：当民众直接面对政府权力运作时，它是民众对于这一权力公共性质的认可和监督；当民众侧身面对公共领域时，它是对公共利益的自觉维护与积极参与。因此，公民意识姓"公"不姓"私"，它是在权力

① 托克维尔：《论美国的民主》（下卷）[M]，沈阳出版社，1999，第813页。

成为公共用品以及在政府与私人事务之间出现公共领域之后的精神存在。与公民意识相对的"老百姓意识"，是众多血缘姓氏的集合体，属于自然经济宗法观念的残余。而狭隘的民族意识和宗教意识，也是与公民意识相冲突的非现代意识，当然这并不是说正常的民族宗教意识不能与公民意识相协调。至于以公民意识统摄民族宗教意识的问题，拟在下文中专门阐述。公民意识的基本单位是权利意识、自主意识、程序规则意识等。具体来说，确立适应政治发展的公民身份意识，就是使公民政治行为理念至少具备下列特征：一是绝大多数公民普遍具有与公民权对称的独立人格意识。公民权属于人权的一部分，是具有公民身份者所享有的法定权利。强调独立的人格意识，就是要祛除个体对权力的盲目顺从、恐惧心理。公民权利意识和独立人格意识，是公民意识的核心内容。它是宪政民主的最重要的政治文化条件，也是保证公民政治行为到位的基础理念。二是破除权力崇拜迷恋心理并树立权力监督和民主意识。民主的基本含义是主权在民和民为邦本的制度安排与价值观念的总和。它主张政权民授、政策决定权民予和民有、民治、民享，特别要通过选举制度解决权力的来源和监督问题，真正兑现"情为民所系、权为民所用、利为民所谋"的政治原则。三是摒弃人治观念并相应地树立法治意识、宪政意识。法治强调法律至上、法无偏私、司法独立、以法制权、以法治官和正当程序原则。它要求确立完善的立法和法理权威，更要求公民建立对法治的信仰，养成依法办事、守法护法的习惯，把颁布的法律变成心中的法律。宪政的宗旨是规范政府权力、保障公民权益、增进人民福利。培养公民的宪政意识，有助于公民明白自身的权利和义务，也形成对公共权力秉持应有的警惕与制约能力。四是培育与国家主人地位一致的参与责任意识。要使所有人懂得积极争取、爱惜、维护、发展应当享有的权利，同时承担相应的社会责任。公民对社会的健康发展，都负有不可推卸的责任。只有当公民们普遍具有责任意识，才会有负责任的政府与负责任的政治。五是打造纳税人意识。纳税人意识是迈向公民社会的门槛，是公民议政、参政、督政意识的向导。公民有依法纳税的义务，同时享有纳税人应有的知情权、监督权和质询权。公务人员形成因受纳税人供养而诚心回报的公仆意识，及时周到地为纳税人服务，由此增强公民对法律的信心、对政府的信任。

2. 运用公民意识统摄民族与宗教意识

之所以强调在新疆建设公民政治行为理念，要着重处理好公民意识与民族宗教意识的关系，是因为每个人同时具有国家属性和民族属性。相对国家而言，社会所有成员归属于国家，是拥有一国国籍的公民。相对某个民族共同体而言，个人是所属民族的一分子。民族属性决定着人们在生活过程中，受到包括宗教等因素潜移默化的熏染，养成了对本民族及其信奉宗教自然的挚爱情感和强烈意识。而社会正常秩序和生活的运作，客观要求各个民族的成员，首先以成为合格公民的资格来参与社会。在新疆的多元文化背景下，民族问题、宗教问题、经济社会发展落后及贫困问题都很重要，这些问题总是纠缠在一起。新疆的全面发展，既需要权威机构的部署与确认，更需要各民族成员在亲自体验基础上的认同与参与。这就要求全体社会成员，特别是少数民族成员完成由"民族宗教意识"向"国家公民意识"、由"法定公民"向"事实公民"的转变。具备这个前提之后，正确认识和处理中央与地方、东部与西部、富裕与贫困、信教与不信教、各个民族的发展与利益分配等问题，才有可能步入良性循环的轨道。因此，面对民族宗教意识增强的趋势，发挥公民意识的主导作用并同时引导民族宗教意识的健康发展，即是公民政治行为理念建设的重要任务。

以公民意识统摄民族宗教意识，是推进地区政治发展的要求。新疆是少数民族聚居的区域，经济、社会和文化等方面具有一定的特殊性，决定地区之内除了存在一般的政治关系外，还有民族关系、宗教关系、民族与宗教的关系等特殊内容。民族关系呈现多重性，包括少数民族与汉族的关系、各个少数民族之间的关系、实行区域自治的民族与不实行区域自治的民族的关系、实行区域自治的民族之间的关系。宗教关系具有多样性，有的民族全民信教，既有多个民族共同信仰的宗教，又有个别民族信仰的宗教，有的宗教还易受到国外宗教的影响。民族与宗教的关系显现复杂性，少数民族信仰的宗教与民族文化相结合从而成为民族价值体系的一部分，宗教又以民族或民族文化为载体从而使民族关系打上宗教的烙印，宗教关系突出的民族特色导致了民族关系与宗教影响的盘根错节。新疆这种多样文化影响交织复杂的关系，在客观上容易发生社会交往中的矛盾或冲突。一旦问题产生，各种关系的矛盾便会扭结在一起，造成在新问题未获得解决的同时，旧有的矛盾可能沉渣泛起的现象。在少数民族地区的社会政治生活中，尤其在基层组织管理当中，当面临具体的问题时，如果各个民族的成员执意突出自己的民族意识并夹带着浓厚的宗教感情去理解问题与发表意见，就有可能放大问题，使矛盾累积叠加，形成剪不断理还乱的状况，甚至会造成难以设想的困境。因此，切实发挥民族区域自治制度的作用，通过有效的调节机制来协调民族关系和宗教问题，就必须在国家体制内的框架中寻找路径。其基本的前提就是在公民政治行为理念方面，培养各民族成员的国家公民意识，使每个人正确把握民族宗教意识的思想行为尺度。

以公民意识统摄民族宗教意识，是增强反对分裂主义效果的需要。长期以来，民族分裂势力对新疆进行渗透、破坏和分裂颠覆活动，妄想实现其新疆独立的图谋。他们在意识形态领域借口民族权利和民族发展，混淆国家、民族和宗教的界限，总是不择手段地煽动民族情绪和宗教狂热，为其分裂活动铺垫心理基础。

一方面，民族宗教问题之所以被分离主义所利用，客观原因隐含在新疆民族宗教的特点中。伊斯兰教与信教民族的同一属性，在民族主义浪潮、东西差距的失衡心理的双重影响下，凸现了宗教的民族性、民族的宗教性、民族问题的敏感性。同市场经济相对应，信教群众的民族意识普遍增强，这种意识映衬着宗教情结；民族意识确能凝聚精神，但如超越合理或合法的限度就要诱发狭隘的民族主义；宗教意识确可维系民族传统，一旦它强化到失当程度肯定同社会产生矛盾。上述民族宗教问题的复杂化表现，客观上给利用这一问题大做文章预留了缝隙。当然，这并不是否定民族宗教问题的人民内部矛盾属性。另一方面，分离主义利用民族宗教问题的实质，是把人民内部矛盾敌对化。民族分裂主义为达到其政治目的，常以民族利益和宗教意志的代言人自居，把宗教极端主义灌输到民族意识中，妄图误导民族和宗教的发展。他们利用民族与宗教的对称属性及其对信教民族群众心理、情感和行为方式的深刻影响，利用部分群众的科学文化素质偏低，抓住群众迷惑、疑虑甚至不满的难点、热点问题借题发挥，歪曲新疆历史、挑拨民族关系、攻击党和政府，恶意把不同民族成员的个人交往对象民族化，诱导民族意识滑向民族仇恨，把宗教意识升温到宗教狂热，蛊惑、裹胁信教群众同情、支持或参与他们策划、组织的分裂活动。民族分裂主义利用民族宗教问题的实质，是窃取号召群众的权威资格，为的是掌握群众、运动群众，胁迫群众与我抗拒，把人民内部矛盾演变、激化为敌我矛盾。因此，在坚持打压"三股势力"的同时，更应致力于将马克思主义国家观、民族观、宗教观、历史观、文化观的宣传教育，"内化"到对国家的高度认同上，树立公民意识高于民族宗教意识的观念。把这种意识结构提供给各民族成员作为公民参与社会生活的心理基础，为正确处理民族宗教问题、巩固民族团结局面和维护祖国统一筑牢思想认识防线。

运用公民意识统摄民族意识的目标，要求多数公民在四个基本问题上达成共识。

——民族意识具有双重属性。民族意识是民族存在的观念反映，表现为对本民族地位、尊严、前途的关切。民族意识作为一种动态存在，伴随环境影响与民族自身条件的变化呈现出两种不同的发展方向：当一个民族受到不平等待遇时，争取民族平等的意识就会增强，这一意识会激发民族的发展意识，对维护民族生存和发展有积极作用。当一个民族面对激烈竞争，自身处境暂时不利时，若一味强调本民族的特殊性，民族意识就可能导致自身的封闭、保守与狭隘，造成民族间的矛盾。因此说"民族意识既是天使又是恶魔，关键是看它在什么时候和什么场合出现和怎样发挥作用"①。对待民族意识，不可人为地压制，也不宜放任自流，更应警惕别有用心者的利用，又要积极地加以引导，通过增强各民族群众的公民意识，促进民族意识与公民意识的和谐统一。

——民族意识与公民意识的应然和谐关系。单一民族国家的民族意识与公民意识融为一体。多民族国家公民意识的一体化与民族意识的多元化属于不同层次，前者代表统一的国家意志，后者反映着公民成分的多民族结构。多民族国家的统一不仅表现为主权独立和领土完整，还必须体现国内各民族的团结和凝聚。实现公民意识的一体化与民族意识的多样性的和谐统一，要求树立公民意识内含的国家观念、权利义务观念、平等观念和法律观念，在此前提下引导民族意识健康发展。民族及民族意识与祖国及祖国意识之间，应该是小我与大我、局部与整体、从属与主导的关系，这应该成为所有公民的共识。

——现代国家的主体与民族构成关系。在多民族国家内必然

---

① 王逸舟：《当代国际政治析论》[M]，上海人民出版社，1995，第128页。

存在民族关系，但国家在法律意义上却建立在"公民"基础上，公民是国家的主体。经验证明，每个民族对自己的生存发展、利害得失等问题的关切和把握，不是该民族单方面所能左右的。民族意识必然和该民族所居住的国家有千丝万缕的联系，受国家经济、政治、文化生活的影响。尽管民族产生发展的过程比国家复杂和多变，但相对而言国家的结构稳定性更强，国家是民族存在发展的前提，国家认同更具有现实价值。一个人自然归属于某个民族，但民族成员的国家属性却是第一位的；每个人除了具备鲜明的民族意识，还要把民族意识融会在更高层次的国家意识中。这种国家意识，就是国民对祖国的理念，它以爱国主义的精神和情怀昭示于社会、沉淀在所有隶属于不同民族的国民的思想意识中。具有不同民族意识的各个民族可以共持相同的国家意识，也只有民族意识和国家意识的这种排序，才能在捍卫国家独立的前提下保证本民族的尊严。因为"一个民族越是发展、进步，其共同生活的跨地域性就越强，与其他民族所依赖的共同经济生活之间的交流和融合的程度就越深，进而形成一个跨民族、跨地域、几个民族都离不开的共同的经济生存环境。这种若干个民族共同的经济生存环境，便是多民族国家合理存在的物质基础，是统一的多民族国家内，各兄弟民族'谁也离不开谁'的物质基础"①。

　　——民族平等与所有公民的权益问题。民族平等的核心，是不同民族在社会交往中的同等地位和权利，它也是民族团结的先导。正确把握国家和少数民族地区的关系，协调各个民族的利益，既是对国家整体利益的维护，又是实现民族平等的要求。我国各少数民族同汉族一样平等地享有宪法和法律规定的全部公民

---

① 中共新疆维吾尔自治区委员会宣传部：《建设有中国特色社会主义民族宗教理论学习纲要》[M]，新疆人民出版社，2000，第 17~18 页。

权利，同时还依据法律规定享有少数民族的特有权利。这既是民族权利的制度体现，又是社会生活的具体领域追求公正的逻辑起点。民族平等和公民权利平等一致，是一个问题在两个形式逻辑层次上的关注。应该承认，法律平等与实际能力的不平等是客观存在，它源自经济社会水平及与之相对应的民族差异，影响着民族交流和个人发展。实行民族区域自治制度，给少数民族地区进行更有力度的援助与支持，尤其是加大对少数民族人才的培养力度，提高少数民族群众的素质就是必然的。新疆与内地的发展差距，使少数民族和当地汉族群众共同承受提高生活水平的压力，这恰恰证明西部大开发的紧要。至于民族平等在社会运作和个人行为中的落实，就必须强调来自各民族的所有公民参与社会生活，国家应保障人人享有的基本权利（人权）完全平等和非基本权利（满足人在政治、经济、思想等方面比较高级需要的权利）比例平等的原则。① 就是说，在给所有人提供发展才德、作出贡献、竞争职位以及追求地位、财富、名望的平等权利、机会和规则的前提下，不刻意拉平个人因为天资、家庭、教育水平、机遇等因素影响而产生的非平均结果。因为对公民非基本权利的实现结果，唯以公民个体的民族特征为标准并故意与其所属民族的政治地位挂钩来追究责任的话，社会运作的基本秩序即遭干扰，公民的平等权利就被损害，社会和谐所崇尚的公平正义精神将无所依托、无法追寻。

3. 建设民主与法制相统一的规范意识

确立民主是制度化、规范化和程序化有机统一的基本价值

---

① 王海明：《公正 平等 人道》［M］，北京大学出版社，2000，第71页。所谓非基本权利比例平等，是指在提供完全平等的基本权利的前提下，每个人因其贡献不平等而应享有相应不平等的非基本权利。也就是说，人们所享有的权利虽然是不平等的，但每个人所享有的权利的大小之比例与每个人所作出的贡献的大小之比例却是完全平等的。

观，是建设公民政治行为理念并由此规范公民政治行为、提升政治参与效率的先决条件。这个价值观由三个观点构成：一是政治文明是一种发达的现代制度体系。邓小平同志曾经说过，党和国家的领导制度、组织制度问题是一个带有根本性、全局性、稳定性和长期性的问题。"这种制度问题，关系到党和国家是否改变颜色，必须引起全党的高度重视。"① 我国建立民主的科学的立法制度，行之有效的行政权力约束和监督制度，独立公正的司法制度，公民权利保障制度，国家权力恰当配置的内部制约制度和人民群众的监督制度，目的就是使政治文明建立在制度文明的基础之上。二是政治文明也是一种行为规范文明。政治行为规范提供了人们在处理社会关系过程中形成的具有普遍约束力的行为规则，它是社会政治生活秩序化的基本要求。实有的社会政治运行特征尤其是公民的政治行为是否符合规范，就是测量政治文明发达程度的重要尺度。社会要处于良性运行、协调发展状态，就不能没有社会调整体系，就必须有一系列规则来约束人们的行为。政治行为规范乃是社会的重要行为规范，它相对于经济行为规范、道德行为规范而言，更具有根本性意义。它能直接实现对社会政治关系的调整功能，规定社会文明的行为模式，为社会主体和国家权力机关提供一种政治文明范式。民主政治的规范化及其在公民政治行为理念中的建构，即是政治文明建设的重要内容。三是政治文明还是一种程序化文明。在制度化和规范化的前提下注重程序文明，就是追求社会政治文明的价值合理性与形式合理性的统一。追求价值的合理性目标，要求保障社会主体的自由、平等、权利及其利益的实现。强调不能忽视程序合理性问题，就是通过正当程序保障公民权利平等的实现。政治行为的程序化是政治制度设计的基石，是政治权力制衡的机制。政治活动一旦失

---

① 邓小平：《邓小平文选》（第 2 卷）［M］，人民出版社，1994，第 333 页。

去合理的程序，就很有可能破坏公民的自由、平等、权利和利益的实现。实现民主政治的程序化，就构成了政府与公民共同需要遵守的行为形式要件。例如法律的立改废，需要经过合法的正当的法律程序，干部的任免、升迁必须经过严格的正当的组织程序，法官的司法活动必须按法律规定程序进行，公民的权利的实现和维护、公民意志的表达也要履行必要的程序。程序是对任性的否定和限制，任性是对社会主义民主、法制和社会秩序的践踏和破坏。政治行为的程序化作为一种法定的时序安排、行为标准要求，是政治运作维系制度、保持理性、体现价值的形式结构，它在根本上筑造了个别人无法恣意妄为的堤坝。因此，基于上述价值观念并与新疆实际相结合的要求，可以说建设民主与法制相统一的规范意识就有两个重点：一是使信教公民形成与法律政策相适宜的政治行为理念，二是建设积极有序参与的公民政治行为理念。

信教公民形成合格的政治行为理念，关键是在心理情感、价值观念和思想意识等层面，合理定位政权与宗教、法律与教规、公民与教徒之间的关系。针对宗教特别是伊斯兰教有传统性组织功能，宗教极端主义超越法律界限干涉政务的企图，教民为宗教意识所支配默许或服从宗教权威的事实，就特别要在公民政治行为理念建设中明确两个关系：

——法律法规与宗教教规。宗教与法律具有历史联系中的某些相通要素，表现为曾经实行政教合一的国家形成过所谓"宗教法律体系"，创造了宗教传统浓厚的文化，人们为宗教意识驱使而敬畏宗教法律，教规在法庭上具备法律效力。资本主义国家确立政教分离原则后，宗教从政权范畴中消退，而源于宗教法律的仪式、传统、权威和普遍性等某些要素便为世俗国家的法律所继承下来。政教分离也是我国处理国家与宗教关系的基本原则：宗教不得干预行政、司法、教育和其他社会事务，宗教信仰是公民自由选择的个人私事；任何宗教都没有超越法律的权力，宗教应以法律为准绳对其仪规进行调整或修改。法治社会的重要特征，就是法律具有至高无上的权威，是社会有序运行的主导，是公民政治行为的标尺。宗教团体和公民个人（包括宗教人士和宗教教徒）都要首先接受法律约束，政府管理宗教事务也以法律为依据。之所以如此，是因为法律法规反映了全体公民的整体利益及其所决定的共同意志和奠基于社会发展规律的正义意识。政教分离为宗教确立了爱国利教、相适社会的方位，也确定了信教公民正当参与政治活动的规则。

　　——法律的功效与宗教信仰自由。不管人们是否自觉，法律是分析自由的基本参照物，包括宗教信仰在内的所谓自由需要法律介入，法治的价值体现于对自由与法律这两个因素的协调功能。概言之，法治中的自由是经过法律中介的权利与义务的统一。法律作为自由的尺度，既是对自由的范围的确定（权利），又是对自由的限制（义务或责任）。"自由仅仅是：一个人能够做他应该做的事情，而不被迫去做他不应该做的事情。……自由是做法律所许可的一切事情的权利；如果一个公民能够做法律所禁止的事情，他就不再有自由了，因为其他的人也同样会有这个权利。"[①] 因此宗教信仰自由（合题）的法律规范，实际是保障人们信仰宗教的自由（正题）和禁止干涉别人不信仰宗教的权利（反题）两方面内涵的有机统一。这里要强调的是，把宗教信仰自由等同于宗教自由，就会导致宗教信仰自由权利的滥用，促使宗教越出信仰的边界而蜕变成妨碍公民合法权利的力量。宗教人士和教徒作为国家的公民，不应该把宗教意识置于公民意识之上，更没有权利超越法律。受宗教意识影响，教徒在涉及与社会诸多方面的利益权衡时，往往有看重宗教利益以及将其与自己

---

　　① 孟德斯鸠：《论法的精神》（上册）［M］，商务印书馆，1961，第154页。

的切身利益联系起来的心理倾向和思维定式。但是宗教人员不能因此营造浓郁的宗教氛围向不信教人群施加压力，更不能把宗教意识引申到与主流政治文化相抗衡的地步。当涉及宗教的某些利益与社会利益不协调的时候，必须树立服从法律、以人民利益为重的政治行为理念。

建设有序参与的公民政治行为意识的目的，是通过培养公民的宪政意识，使其具备政治行为的制度性参与、理性化参与、积极性参与、有效性参与等素质特征。公民有序的政治参与，是指公民在遵循宪法和法律所规定的民主权利的前提下，通过自主、理性的方式并按照一定的程序或秩序去直接或间接地影响政府决策和政治生活的政治行为。它的直接意义，就是引导群众以理性合法的形式反映利益要求、解决利益矛盾，自觉维护安定团结，力求安居乐业局面。公民有序的政治参与，涉及法律规范、主体行为和参与方式等诸多方面。因此，公民政治行为理念建设就要突出以下观念：一是政治行为必须合乎法律制度。有序政治参与同非制度化参与相对，后者是公民采取与现代民主发展相悖的某些非常态方式，如暴力、行贿、不规范群体事件中的静坐和游行，以及被动参与、政治冷漠等。宪法和法律赋予公民以民主权利，也规定了行使权利的范围与方式。由此可以说有序政治参与也是制度化参与，即公民政治行为和政府对政治参与的管理都遵循法治原则，以法律规定和确认的方式、程序进行，从而保证公民政治参与的制度化、法律化、秩序化。二是政治行为体现自主理性精神。自主精神要求公民具有独立的参与意识，能够积极主动地参与社会政治活动。理性精神要求公民可以撤除情感冲动、不被叵测煽动支配，具备出于行使合法权利、维护正当利益、促进国家和社会发展等理性思维品质，有能力选择合理合法的方式表达诉求、参与国家政治生活。针对许多公民激情有余而理智不足、盲目被动销蚀参与效果，以及部分公民易于为狭隘民族情绪或极端宗教意识所迷惑等问题，就要特别强调培育公民自主理性政治行为理念的重要性与紧迫性。三是政治行为有效进入各个渠道。多种形式、各个层次的协调运行、动态平衡，是有序政治参与行为的必备特征。在不同阶段与环境条件下，政治参与的具体形式有所不同，但形式丰富、渠道畅通却是保证参与效率的起码要求。否则政治体制便不能有效吸纳公民日益增长的参与需求并将其纳入规范、秩序的轨迹中，公民的政治诉求即面临表达不畅、实现不足的问题，甚至可能会诱发政治行为的非秩序化。另外，积极有序的政治参与还要求充分伸展到多个层次：公众选举的民意代表恪尽职守，知识精英积极建言献计，城乡基层自治有效规范地运行。归结以上所论，成熟合理的公民政治行为理念及其参与行动，是民主与法制之间保持极大张力、拥有最大效力的条件。当然也要承认，公民个体的自身特质会导致政治行为理念的不确定性或偏差性，政治理念不一定与实际行动存在一一对应的机械关系，理念因素亦不是影响政治行为的唯一变量。但却可以肯定地说，如果大多数公民缺乏应有的政治理念，自主、理性、规范、有序的政治参与就不可能是政治生活的常态。因此，公民政治行为理念归根到底还是政治行为文明的精神支柱，是使政治制度、政治体制焕发生机的灵魂。

三　公民政治行为理念建设的途径

人的政治理念内在地左右着政治行为，决定了培育公民政治行为理念是极具意义的政治发展目标。如前所述，随着市场经济所衍生的差距因利益关切投射于人心，增加了在新疆这样一个原本就具有多元文化因素影响的地区进行公民文化建设的难度。经济相对落后、文化传统独特、民族意识明显、宗教影响深刻等特点，给出了新疆公民政治行为理念状态的成因。其中的应对之策，除了一般性的公民建设外，因利益落差而强化的民族宗教意识及其为敌对势力所利用的危险，彰显着公民政治行为理念建设的特别内涵。而现有理念在结构上呈现出复杂性，既有民族传统文化的积淀，又内化了体制的不完善，它们在静态层面和动态运行中交织变迁。鉴于各种要素彼此互动未必能抵消不利影响，甚至可能增生消极影响，就不能幼稚地认为公民政治行为理念建设是一个简单的教育问题。现代化理论反复昭示，人是发展的核心，而人的现代化却是多种因素良性作用的结果。为使新疆各族群众积极参与基层民主乃至极大地推进区域政治发展，就必须开辟公民政治行为理念建设的集约化路径。

1. 发展经济为建设公民政治行为理念夯实物质基础

政治是经济的集中体现，多元利益主体的诉求是民主政治的动因，而民主恰是依据法律首先对经济权益予以切实关注的形式。现代民主政治的广泛参与性，需要经济体制的环境条件来支撑。可以说没有物质基础作保障，遑论公民广泛积极的政治参与。同理，缺少与民主体制相对应的经济支持，公民社会便不能出现，要使广大公民普遍具备公民政治行为理念就会无比困难。"传统社会与现代社会的主要政治差别，在于政治参与的规模和程度，在较富裕和较工业化、城市化的复杂社会里，更多的人以多于他们在欠发达、农业的、乡村的、更为原始的经济和社会体系下所拥有的方式，卷入政治中去。"[①] 历史经验证明：自然经济以人对土地的依附为缘由，必然滋生家族宗法依赖、固化等级制度的仆从意识，养成厚古崇老的礼性，形成封闭保守的心理。传统计划经济奠基于宪法意义的公有制和国家政治制度，缺乏机制性、程序化的个体利益管道，辅之以高尚型意识形态的心理强

---

① 格林斯坦·波尔斯比：《政治学手册精选》（下卷）［M］，商务印书馆，1996，第189页。

化，公民权利意识自然式微。市场经济崇尚利益最大化，必然催生人的自主意识、权利意识。其中等价交换原则折射出人身自由和平等观念，契约合同规则表现为政治人格独立与法治观念牢固。虽然市场经济因"外部性"缺陷不能解决所有发展问题，但它却是民主政治的现实经济支撑。从这个意义上说，民主政治的原则和规则，实际是市场经济的原则、规则及规范在政治权力的组织、运行方式和实现形式中的应用，没有市场经济就没有真实彻底的政治民主。

确定社会主义初级阶段的国情判断、市场经济的改革方向，对我国经济发展、人民生活水平提高，尤其是对政治文明建设的意义是广泛深远的。社会主义初级阶段蕴藏着由自然经济半自然经济占很大比重逐步转变为经济市场化较高的内涵，包括了通过改革探索来建立和完善市场经济体制、民主政治体制及其他体制等多方面的任务。我们认为，改革开放的巨大成就并非只有直观的经济增长和人的物质生活改善，还包含深层的利益多元及政治诉求、参与的增长。当生产力发展到一定程度，人们赖以生存的物质生活条件得到基本满足和进一步改善，必然要求广泛参与政治生活，以争取更好的发展环境。新疆是祖国西部的经济落后地区，传统农牧业生产方式、地理封闭等因素不仅导致了相当数量的贫困人口，也累积了教育滞后、观念陈旧以及劳动者自主竞争意识、能力的不足。在这些情况中因混杂着传统的多元文化感情而诱发的强烈民族宗教意识，势必与公民意识产生摩擦或冲突，不利于造就成熟的公民独立人格。因此，新疆抓住历史机遇，把优势资源转变为市场竞争优势，实现经济社会又好又快发展局面，就是培育公民政治行为理念并提高品质的最具持久性的途径：一是经济发展可以增加国民财富和提高公民受教育的程度，为各族群众提供更多收入较高、价值认同感较强的就业岗位，使摆脱了生计压力的人群增强参与政治的意识与能力。二是经济发展可以由受益示范派生扩展效应，在更多的人提升市场参与能力后，必然带来利益关系的实质性变化，既强化公民诉诸政治行为来维护或进一步实现自身利益的动机，又对传统人群格局的心理认同形成冲击，促使人们把民族宗教意识摆到正常的位置。三是经济发展还能带动公民政治参与所需的交通、通信等基础设施和技术手段的改善与发展，人们在自主逐利、理性参与的心理驱使下，会改善交通与通信条件、主动寻找学习机会、积极参加社会交往、高度关注政策信息、不断提高参政技能。总之，新疆蕴藏着经济社会发展的巨大潜力，是西部大开发的重点区域。随着国家工业化进程的加速推进，2010 年新疆的人均 GDP 已达到全国平均水平，居西部省区前茅。有理由相信，新疆经济的进一步发展，一定会产生与公民政治行为理念建设良性循环的互动态势。

2. 完善制度为建设公民政治行为理念营造体制环境

民主制度客观存在的公民教育功能，是选择制度优化以养成公民行为理念的根本原因。作为公民以独立人格积极主动地参与政治过程的制度体系，民主制度为公民参与提供合法化、组织化、规范化的体制保障，是政治民主的显性架构。公民政治行为理念则是与民主制度相耦合的公民政治态度、情感、信仰的价值取向，属于政治民主的隐性结构。按照阿尔蒙德的说法，民主文化是在公民的认知、情感和评价中被内化了的民主制度，是公民对民主制度的态度。① 如果只在公民行为理念的逻辑起点上议论包括制度完善在内的政治发展问题，自然认为公民政治行为理念是民主制度的基础，强调文化力量对民主制度的确凿奠定、健康运作，及其巩固与维持的决定性。但民主进程却不简单地表现这种直线性关系。经验则反复昭示，在没有成熟公民文化的背景

---

① 加布里埃尔·A. 阿尔蒙德、西德尼·维巴：《公民文化——五国的政治态度与民主》[M]，浙江人民出版社，1989，第 15 页。

下，可以建立并维持民主制度。在民主制度框架下的公民体验与训练，更加切实地培育、养成了普遍性的公民政治行为理念，为民主制度内化于人的价值体系做着贡献。因此可以说，公民政治行为理念与民主制度之间，存在互为因果、互相推动、相得益彰的非线性关系。我国是后发型现代民主国家。由于历史必然性的合力因素，以中国共产党人为代表的民族精英接受并形成系统的社会主义民主意识后，得以在中国这样一个民主传统薄弱的国家，创建完整形态的民主制度。制度框架超前于公民政治素质，提供了使大多数人逐渐养成民主行为习惯的环境。尽管"文化大革命"中民主惨遭浩劫，但人们却在痛定思痛中更加坚定了民主法制的决心。我国的改革发轫于摆脱传统社会主义的困境，政治文明建设即是其中的重要内容。由改革进程的政府导向型特征所决定，民主的制度化、规范化、程序化，同确定市场经济目标一样，均来自由上而下的动员与推动。民主政治制度体系的日臻完善，必然造就有利于政治发展的体制环境，更加透彻、深刻地塑造着公民的政治行为理念。具体来说，民主制度的公民教育功能表现有二：一方面，在静态结构上产生公民政治行为的教化功能。通过制度协调政治参与，让公民了解公共事务和自己的利益所在，懂得尊重别人的权利，升华自己的公民道德。民主行为的制度化，能够促使公民以平和的心态、理性的方式、合法的途径，规范表达和自主竞取自己的利益，自觉提升讨价还价和处理复杂关系的技巧。另一方面，在动态演进中巩固公民政治行为理念的传统。民主发展是一个不断完善的过程，自然有存续期间的代际更替。新生一代熏染、成长于民主制度中，一旦正式进入政治生活领域，既定的民主制度及其生活方式就构成了新一代人政治理念的基础，使其有更强的心理惯性去巩固、光大公民的政治行为理念。

　　建设公民政治行为理念的目的，是把政治参与纳入法制轨道，使其呈现出自主有序的特征。自主参与适应民主的本质要求，突出公民的主动性、进取性；有序参与对应参与的制度化、规范化和程序化。之所以强调这一点，是因为政治参与的目的性有时同制度体制存在一定的矛盾。政治参与的目的大致分为以下三种：工具性参与、发展性参与和沟通性参与。（1）工具性指参与目的是促进或捍卫参与者的利益，人们是否参与将取决于对预期收益及成本的估判，取决于对自己实现目标的力量的评价。积极参与者因为算计到自己的经济社会权利可以有效地利用，能够使自己获得好处而表现出主动性。消极者则因为缺乏参与意识、信心、能力与技巧而表现出"政治盲从"或"政治冷漠"，有的人会因内心对制度参与不信任而采取"好斗"或贿赂等非制度化手段。（2）发展性或教育性的概念则认定，参与进程会提高参与者普遍的道德、社会和政治诸方面的觉悟，利于参与者的政治兴趣、政治成就感和公民责任感的提高。这个观点强调了政治发展的积极意义，因而把有序的政治参与行为作为衡量政治民主化和现代化程度的标准，相信通过提高政治参与程度会有助于政府最大限度地集中公民意愿、防止决策片面并可加强对政府的监督。这就需要政治发展确定扩大参与同政治稳定的平衡关系，因为政治参与并不总是与政治稳定成正比，它可以增强稳定，也可以破坏稳定。"如果制度准备不足，扩大政治参与可能导致政治不稳定"①。能否使两者良性互动，取决于公民意愿和政治制度的能力。它要求政治制度具备相应的承受能力、疏导能力、应变能力，最大限度地降低公民与政府的紧张度，提升教化规范公民行为的效率，达到社会发展稳定的目的。（3）沟通性观念强调，政治参与是一个各方进行信息沟通和利益协调的机制，有助于社会与政府间的决策互动，社会不同群体间的协商，

---

① 蒲岛郁夫：《政治参与》[M]，经济日报出版社，1987，第55页。

维护社会的团结与稳定，增强政治合法性。从这个意义上说，政治沟通仅指合法的政治接触，不包括行贿或威胁等非法的甚至是犯罪行为。公民为解决个别问题，或者谋求个人和一小部分人的利益而接触有关政府人员并影响之，是公民政治行为的常态。它要求政治体制设置多层平台、多种形式，畅通体现民意的渠道，通过体制化解决问题的行径，巩固、强化公民政治沟通的思想理念和行为习惯。基于以上论述，可以说政治参与的目的具有多样性。它被还原于现实生活中，无论从公民个体的动机抑或是体制机制的现状来看，都存在着或多或少与政治发展的差距。值得注意的是，特定情况下个人或群体的政治行为有脱离制度规范的冲动与偏激，势必对经济发展、政治稳定和生活秩序造成威胁，政治制度就必须积极地应对这一挑战。既然政治参与需要有序规范，那么通过制度完善来塑造普遍的公民政治行为理念就很迫切。同时，严格的制度程序也是通过匡正职权行为来巩固公民政治行为理念的保障。针对新疆而言，考虑到市场经济不发达和多样文化的背景环境，几乎给所有公民投射了深刻影响，因此借助于完善制度、强化制度惯性从而促进公民政治行为理念逐步成熟，保障普通公民和政府人员均有规范化的政治行为就尤为重要。

　　加强公民参与的制度化建设，重点要做好以下工作：一是提供多元的利益表达渠道。根据不同公民群体存在利益差别，其诉求愿望强烈的现实，政府对建立各种社会团体持积极肯定态度。通过制定法律和政策，对利益表达进行法律保护，力求形成多元的顺畅的非强制性的利益表达渠道。比如在农村建立农会组织，为农民这个人口最多的群体设置有效的表达通道。二是完善公民参与的法律制度。在充分尊重宪法和法律赋予公民政治自由权利的前提下，对公民的权利和义务、公民在政治生活中的地位和角色、参与的程序和规则、参与方式与渠道等进行法律确认，以此为根据规范公民政治行为。改革开放以来，法制建设长足发展，但却存在重经济、轻政治的现象。除了选举法、代表法以及有关公民政治权利保障的少数几部法律外，同公民参与直接相关的法律法规相对较少。如公民参政法、监督法、新闻法、出版法、舆论监督法等都尚未出台。这种状况不适应扩大参与的要求，也不利于规范公民的政治行为。鉴于法治化是公民参与自主性、有序性和权威性的保证，因此加强公民参与的法律制度建设即是紧迫的任务。三是构建公民政治参与制度体系。在坚持和完善人民代表大会制度、中国共产党领导的多党合作和政治协商制度、民族区域自治制度、村民自治等制度的同时，还应不断丰富民主的形式，健全一系列具体制度。因为能够直接参与人民代表大会制度、中国共产党领导的多党合作和政治协商制度的公民为数稀少，这种政治参与只能是委托式的间接参与。为保障更多公民有机会参与政治，就要尽快完善职工代表大会制度和工会制度、社情民情反映制度、与群众利益密切相关的重大事项社会公示制度和社会听证制度、专家咨询制度、信访制度、民主评议制度、行政公开制度，新闻发布会制度等等。四是改进人民代表大会制度。改进选举制度应从扩大选举的真实性入手，允许或提倡竞选，它涉及是否相信群众的判断力问题，可考虑先通过党内竞争提名、党组织推荐代表候选人参加人大代表竞选。改进人大代表选举制度，除了注意候选人的政治素质、界别结构之处，要突出当选代表的知政、议政、参政、督政的能力条件，实行代表职业制，明确其代表所在选区或选举单位利益的身份与责任。改进人大工作制度，实行人大代表职业化可以延长人大及其常委会的会期，保证人大设置多个专业化工作委员会，有能力全面、深入、有效地对一府两院进行监督。改进人大监督制度，将人事罢免机制由政府两院组成人员延伸至一般公务员，将政府审计部门移交人大、扩大财政监督的内容，建立专家起草法律法规制度并同时废止政府部门的相应职权，提升人大调查权和质询权的权威。五是完善干部工作机制。各级干部尤其是基层公职人员的行为做派是否规范，直接影响公民的政治心理、政治情感的价值取向。这就要求严格学习制度、调查研究制度、公开办事制度、民主决策制度、工作责任制度、政绩考核制度等。保证干部对于群众的意见和建议无论正确与否，都能认真对待，不打击、不报复，及时反馈处理结果；对于不能及时解决的问题，能做周到而细致的工作，取得谅解和支持。加大群众评价干部的权重，甚至由群众决定干部的升降去留，使存在于某些基层干部身上的工作态度粗暴、作风霸道、方法简单等现象，得到根本扭转。

3. 认同教育为建设公民政治行为理念形成思想素质

认同教育的目的，是充分发挥政治教育的塑造功能，增强公民的主体意识。也就是说，借助社会的道德资源，使社会主义核心价值体系在大教育事业的涵化育养中沉淀于多数人的内心。"安身立命"、"安贫乐道"的老话，相对于发达地区或富裕人群区域内的贫困者感到依然意义突出。相对解决温饱问题后的人群，重心话题正在转为"安心立命"、"安居乐业"。不同的经济境遇，自然产生相异的精神需要与面貌。适应发展的潮流，意识形态整合作用的指向就是，先富者前景远大又要尽责社会，后富者汲取力量又要正确理解现状。构建和谐社会，涉及公平正义理念支撑的民主法治，切实保障公民权益即是重要的目标任务。社会和谐直观表现为经济利益的协调，在个体层面却由权益落实来安抚心灵。针对新疆少数民族较多、城乡差别突出、南北疆发展不平衡，以及民族文化传统、宗教影响的深刻、广泛等事实，需要在经济社会事业上加大作为力度，为和谐提供必备的物质支持、均等化的公共服务。但是，毕竟消除差距尚需时日，因此主流意识形态就应承担起展示前景、剖情解道、明理顺气的责任，引导不同的人群特别是不同文化、民族、宗教背景下的人群，争取从公民意识的视角认识现实。上文已述，公民政治行为理念不是一个简单的自发事物。动用社会大教育资源的能量，是将政治意志传布民生，使其在心灵的照拂下确立对社会核心价值体系的真心认同。因为，作为一个涉及个人与群体隶属关系的概念，"认同首先是个体对某种意义上的身份的一种心理肯定，认同给予个人以所在感，给人的个体性以稳固的核心。"[①] 同时，认同是在社会过程中建构的，认同随着社会制度、利益的改变可以得到重塑。由于社会生活的极端复杂性，多种认同集于一身是可能的，认同具有社会性、可塑造性和可共存性。[②] 基于以上论述，在新疆多样文化背景下建设公民政治行为理念，认同教育起码有两个重点领域：一是思想政治教育强化"四个认同"（对祖国的认同、对中华民族的认同、对中华文化的认同、对中国特色社会主义道路的认同），给公民政治行为理念建设铺垫扎实的基础。二是国民教育事业强化民主法治精神，使公民充分认识到积极的政治参与是实现其民主权利的基本途径，它既是一种价值，也是公民的一种美德，始终保持高涨的参与热情；同时使"有序参与"的观念深入人心，养成自觉遵守国家法律的习惯，让个人的政治行为符合宪法和法律的规范，具备自主有序的特征。

"四个认同"是民族凝聚力的基础，也是公民政治行为理念的基础。凝聚力主要由"认同感"和"亲和力"构成，缺乏凝聚力就不可能有公民意识的基础。"四个认同"教育的针对性缘自两个事实：分裂主义势力挟持民族宗教问题进行意识形态的渗透；部分公民国家观念淡薄、单一民族和狭隘宗教意识强烈。南斯拉夫分裂、苏联解体，俄罗斯的车臣、斯里兰卡的泰米尔、土耳其和伊拉克的库尔德、西班牙的巴斯克、加拿大的魁北克、英

---

① 梁丽萍：《中国人的宗教心理》[M]，社会科学文献出版社，2004，第12页。

② 杨筱：《认同与国际关系》[M]，中国社会科学院2000届博士论文，第32页。

国的北爱尔兰，以及菲律宾、印尼的分裂活动等等，均昭示着一个共同经验：多民族国家或该国区域范围内的国家认同、民族认同、文化认同、道路认同的危机，必然导致社会动荡、民族分裂，公民自主有序的政治参与无从谈起。从这个意义上说，在新疆强化"四个认同"教育，就是奠定公民政治行为理念的基础工程。做好这项重大的教育工作，一要明确教育活动的深刻内涵。强调祖国统一是国家最高利益和各民族根本利益的要求，56个民族都是中华民族大家庭的一员，各族人民共同创造了灿烂辉煌的中华文化，走中国特色社会主义道路是各民族共同繁荣的必由之路。二要追求教育形式的实效。教育内容体现历史与现实的结合，包括中国历史与新疆历史（民族史、文化史、宗教史）教育、国情区情教育、政治理论（党的民族宗教理论、国家理论、政治学理论）教育、法制教育、前途教育等。采取丰富多彩、生动感人的形式，如定期不定期地以座谈会、研讨会、专题报告会、文艺演出等方式，组织各族干部群众开展以歌颂祖国、歌颂党、歌颂社会主义、歌颂民族团结为主旋律的宣传教育活动，努力形成良好的社会风气。充分挖掘整理教育资源，将认同教育与全面建设小康社会的实践，与构建和谐新疆的工作，与加快新疆经济社会发展的事业，与国家对新疆的大力支持，与党和国家对少数民族的亲切关怀结合起来，增强教育的时代感和现实性。三要抓好代表性人群的教育。把基层干部作为表率群体，使其在宣传教育工作中发挥龙头作用。把广大青年作为骨干群体，努力推进科学理论进学校、进班级、进课堂。把各族群众作为基础群体，利用基层党校、农牧民技术学校、党员电化教育、远程教育学习阵地，潜移默化地提升各族干部、群众的思想政治素质。把爱国宗教人士作为特殊群体，继续注重对他们的教育与培养，使其切实发挥"承担特殊使命的非党基层干部"的作用。不忘把"两新组织"（新经济组织和新社会组织）人员、离退休人员、特困人口纳入教育范围，保证人员没有遗漏、教育不留死角。四要形成教育的长效机制。建立健全宣传教育领导工作责任制，尤其要加强对新闻出版、广播电视、文化市场、网络传播等思想阵地的绝对领导，做到"一把手"亲自抓、负总责。建立常抓不懈的宣传教育体制，经常组织文化、科技、卫生"三下乡"和科技、文化、卫生、法律"四进社区"活动，大力宣传党的方针政策和抗震安居、"村村通"、新型合作医疗、教育扶贫、减免税收、扶贫开发等一系列"民心工程"，进一步提升凝聚力和认同感。

如果说"四个认同"教育为公民政治行为理念铺陈基础，那么教育理念更新和教育体制改革则是建设公民理念的当务之急。民主法制是外在的制度体系，需要内在的公民意识为其塑造灵魂。没有公民政治行为理念的充分发育，就没有民主制度的真正运作。培育公民意识的过程，是思想启蒙力求政治社会化的实践。"政治社会化是人们习得其政治取向和行为模式的发展过程"①，它依赖于政治文化的塑造与传播。当今的政治社会化的一个现象是，重政治思想、意识形态灌输，轻程序性、操作性的技能培养。它导致公民宪法意识的淡漠，从而影响了公民政治行为理念的发育。政治发展的趋势要求意识形态灌输沉淀到公民意识之中，把理想教育的效果延伸到公民教育的层面。由于学校是系统的、专门化的政治社会化媒介，学生通过系统的政治学习和与老师及同学的相处，初步了解政治生活的规范化特征，并开阔自己的政治视野。这一时期是人的政治态度和政治意识趋于定型的关键时期，因此，必须发挥学校培养合格公民的优势。具体来说，学校德育对政治意识的再生产与生产均有功效，特别是在政

---

① 加布里埃尔·A·阿尔蒙德：《比较政治学》[M]，浙江人民出版社，1988，第79页。

治理论的继承和发展，政治舆论的培育与引导方面尤具优势。学校享有政治文化资源的丰富性，理论学习和传授的系统性、连贯性，以及教育对象年龄的关键性等特点，决定着学校所进行的政治理论再生产会产生较高效率。同时，教育机器还会培养出成批的"思想生产者"，他们将是发展政治理论的新生力军。鉴于学校独具强大的教育功能，就应该强调从孩子抓起，注重各族青少年的国民素质教育：一是在教育目标上，以塑造合格公民为指向，包括协调和引导公民的政治心理，帮助公民树立正确的公民态度，引导大家树立社会主义理想信念。二是在教育内容上，注意系统的公民教育，培育公民意识。就道德意义而言，包括自主意识与独立人格、集体主义意识、社会公德意识等。就法律而言，包括权利意识、主体意识、法治观念等。三是在教育途径上，除了保持传统的理论宣传优势以外，更要着重从实践入手，正确引导公民的政治参与，引导公民的民主实践，增进公民对政治体系和民主程序的了解，传授公民政治知识，提高公民政治参与的技能；引导公民选择切实可行，与切身利益紧密相关的政治参与形式，使新时期的政治社会化更加切合实际、更富成效。四是在教育手段上，既要积极改进传统手段，又要充分运用新的技术条件，使教育形式多样化，扩大受教育范围，深化教育程度，提高教育效果。

4. 改进实践为建设公民政治行为理念提供现实保障

政治实践是客观政治世界达之于人们主观政治心理、政治意识的最重要的桥梁，比起政治社会化的其他媒介而言，它更具有根本性和长期性。一次成功的民主实践比十堂政治课更有说服力，民主实践过程本身也是教育人们尽快懂得民主实质的最佳途径。相反，一次失败的或虚假的民主实践，将会践踏公民自主有序参与的思想萌芽，并破坏民主信心和民主信仰。因此，各级党委和政府就要承担起改进民主实践的重大责任，为公民政治行为理念提供茁壮成长的肥沃土壤：一是发挥党组织的领导核心作用。我国民主进程的主导者，是各级党组织和人民政府。党组织虽然不是公民参与的主体，却要发挥正确引导公民政治行为的领导作用。既要加强对公民认识自身政治权利和自由的引导，又要加强对其认识相应义务和责任的引导；既要加强对公民了解民主政治发展规律的引导，也要加强对其充分认识国情区情、民主发展目标的正确引导。正确引导公民参与进程，是构建和谐社会的需要，也是公民有序参与的政治保障。二是提高政府协调公民行为的能力。公民参与是集体行动，即使有良好的动机，如果没有统一的组织领导，公众的行动也可能会失去控制。在公民参与中，每个人的动机不可能完全相同，如果没有很好的协调，参与者之间也可能发生冲突和矛盾。在公民参与中，也难免个别人欲利用公众的行为达到其个人的目的，对此必须有防范的措施。所有这些方面，都需要政府采取有效措施，对公民参与进行引导和规范，防止公众行为的失控，保证公民参与能够在法律的框架内有序地进行。三是形成政府与公民积极合作的局面。公民参与的直接目的通常是影响政府的公共政策和政治进程，但其最终目的无非是最大限度地增进公共利益。要实现这些目标，公民与政府之间必须进行积极的合作。对于公众而言，如果没有政府的妥协、支持和合作，就无法达到改变政府政策，增进公共利益的目标；而对于政府而言，如果没有公民的理解、信任和支持，公众的参与行动就有可能演变为政治摩擦，甚至会被敌对势力所利用，导致政治冲突。公民与政府在政治生活中的良好合作，是善治的实质所在，而善治就是使公共利益最大化的政治管理过程。

在新疆丰厚公民政治行为理念的土壤，还要改进两个工作：一是积极推进城乡社区民主进程。城乡社区的基层民主，提供了最直接、经常性的公民参与机制与平台。完善村民自治与城市居民自治，除了发挥其社会动员与政治管理功能外，还要发掘其

"自我教育、自我管理、自我服务、自我监督"的潜力。应该注意,"村民自治的形式示范效应远远大于其实质性"①。这就要求以更积极的态度、更有效的方式,完善村委会选举,保证村务决策、管理和监督民主,使广大农牧民在持续的民主训练中养成公民政治行为理念,适应社会主义新农村建设的要求。同时,城市社区在完善服务的基础上,注重以党组织为核心的社区组织建设,使社区党组织、社区自治组织、群众性团体、民间组织形成合力,确保居委会能够整合福利或利益需求,让居民有更多的志愿性参与、身体参与、权益参与。也就是说,尽管城市社区是一个基于"业缘关系"构成的陌生人社会,人的利益主要兑现于社区之外,但是一旦将居民更深入地引入社区事务的民主参与之中,就能够使社区的公共利益获得高度关切,长此以往必然利于城市公民政治行为理念的成长。二是更深入地引导宗教与社会相适应。近些年,新疆坚持教育与管理两手并重,取得了民族团结和依法管理宗教事务的重大成绩②。而要深化这些工作的成效,就应把文化内涵的深层"引导"提上日程。就是说,既要挖掘宗教道德的积极因素,又要抵制宗教文化的消极影响。宗教文化蕴涵的伦理道德、生活习俗几乎渗透于信徒生活的各个方面,与社会主义道德并存于社会。宗教教义、宗教道德及其戒律中存在劝人向善、戒赌戒淫、友好诚信、互助互济等积极内容,也有"神至上论"、"宿命论"等落后思想。宗教文化的积极因素与社

---

① 徐勇:《草根民主的崛起:价值与限度》[J],《中国社会科学季刊》(香港)2000 年夏季号。

② 教育手段主要指持续加强以"三个离不开"(汉族离不开少数民族、少数民族离不开汉族、各个少数民族之间相互离不开)、"五观"(马克思主义国家观、民族观、宗教观、历史观、文化观)、"四个认同"、"三爱"(爱党、爱祖国、爱社会主义)为主要内容的宣传教育活动。管理手段主要指贯彻落实"保护合法、制止非法、抵御渗透、打击犯罪"原则,依法管理宗教事务,积极引导宗教与社会主义社会相适应。

会主义道德因素并行不悖，而消极内容则对法律权威、法治观念及公民道德规范造成负面影响。鉴于宗教训诫能内化为信众的行为准则，就要努力使宗教意识与主流意识形态、宗教文化与主流文化之间的差异性保持在协调和谐范围之内，防止因宗教文化过分张扬而形成心理对峙。做到这一点，特别要注重发挥宗教界人士的桥梁作用。爱国宗教团体及人士是统一战线的重要部分，在重视对其教育、管理和待遇的同时，进一步引导他们参与人大、政协工作。通过爱国宗教团体和人士，把"一个国家可以存在有多种宗教，一种宗教可以存在于多个国家，但一位教徒只有一个祖国。教徒首先是公民，爱国爱教是本分。在爱国问题上，没有特殊公民"，① "爱国即是爱身，国家兴亡，穆民有责"② 等思想观念传布到教民之中。强调公民在享受法律赋予公民应有权利的同时，也要履行公民的义务，遵守公民的道德规范；教民从事宗教活动要以国家最高利益和民族的整体利益为重，将爱国、爱教结合起来，做一个好公民、好信徒。这样做的目的，是寻求宗教信仰者心理的良性循环，是奠定公民政治行为理念的基础，也是营造社会和谐的文化氛围。

---

① 国家宗教事务局：《爱国主义教程》［M］，宗教文化出版社，2005，第358页。
② 国家宗教事务局：《爱国主义教程》［M］，宗教文化出版社，2005，第361页。

参考文献

经典著作

1. 《马克思恩格斯全集》第 1 卷、第 7 卷、第 23 卷、第 46 卷 ［C］，北京：人民出版社，1956、1959、1972、1982。

2. 《马克思恩格斯选集》第 1～4 卷 ［C］，北京：人民出版社，1995。

3. 《列宁全集》第 31 卷 ［C］，北京：人民出版社，1975。

4. 《列宁选集》第 1～4 卷 ［C］，北京：人民出版社，1992。

5. 《建国以来毛泽东文稿》 ［C］，北京：中央文献出版社，1992。

6. 《毛泽东选集》第 1～4 卷 ［C］，北京：人民出版社，1964。

7. 《邓小平文选》第 1～3 卷 ［C］，北京：人民出版社，1994。

8. 《建国以来重要文献选编》第 1～20 卷 ［C］，北京：中央文献出版社，1993。

9. 《江泽民文选》［C］，北京：人民出版社，2006。

10. 胡锦涛：《高举中国特色社会主义伟大旗帜，为夺取全面建设小康社会新胜利而奋斗——在中国共产党第十七次代表大会上的报告》［R］，北京：人民出版社，2007。

著作

1. 王浦劬：《政治学基础》[M]，北京：北京大学出版社，2006。
2. 王惠岩：《政治学原理》[M]，北京：高等教育出版社，1999。
3. 王沪宁：《比较政治分析》[M]，上海：上海人民出版社，1987。
4. 孙关宏：《政治学概论》[M]，上海：复旦大学出版社，2008。
5. 杨光斌：《政治学原理》[M]，北京：中国人民大学出版社，1998。
6. 燕继荣：《政治学十五讲》[M]，北京：北京大学出版社，2004。
7. 安德鲁·海伍德：《政治学》[M]，北京：中国人民大学出版社，2006。
8. 迈克尔·罗斯金：《政治科学》（第9版）[M]，北京：中国人民大学出版社，2009。
9. 安德鲁·海伍德：《政治学核心概念》[M]，天津：天津人民出版社，2008。
10. 哈罗德·D.拉斯韦尔：《政治学——谁得到什么　何时和如何得到》[M]，北京：商务印书馆，1992。
11. 罗伯特·古丁、汉斯—迪特尔·克林格曼：《政治科学新手册》[M]，北京：三联书店，2006。
12. W.菲利普斯·夏夫利：《政治科学研究方法》（第6版）[M]，上海：上海人民出版社，2006。
13. 斯蒂芬·范埃弗拉：《政治学研究方法指南》[M]，北京：北京大学出版社，2006。
14. 燕继荣：《发展政治学——政治发展研究的概念与理论》[M]，北京：北京大学出版社，2006。
15. 科恩：《论民主》[M]，北京：商务印书馆，2007。
16. 戴维·赫尔德：《民主的模式》[M]，北京：中央编译出版社，2008。

17. 亚里士多德：《政治学》［M］，北京：商务印书馆，1981。

18. 杰克·普拉诺等：《政治学分析辞典》［M］，北京：中国社会科学出版社，1986。

19. 塞缪尔·亨廷顿：《变化社会中的政治秩序》［M］，北京：生活·读书·新知三联书店，1989。

20. 塞缪尔·亨廷顿：《第三波——20世纪后期民主化浪潮》［M］，上海：上海三联书店，1998。

21. 戴维·伊斯顿：《政治生活的系统分析》［M］，北京：华夏出版社，1999。

22. 罗伯特·达尔：《民主理论导言》［M］，芝加哥：芝加哥大学出版社，1956。

23. 加布里埃尔·A.阿尔蒙德等：《比较政治学：体系、过程和政策》［M］，上海：上海译文出版社，1987。

24. 托克维尔：《论美国的民主》［M］，北京：商务印书馆，1988。

25. 古斯塔夫·勒庞著《乌合之众——大众心理研究》［M］，冯克利译，北京：中央编译出版社，2005。

26. 孟德斯鸠：《论法的精神》（上、下册）［M］，北京：商务印书馆，1961，第154页。

27. 罗尔斯：《正义论》［M］，北京：中国社会科学出版社，1988。

28. 熊彼特：《社会主义、资本主义和民主主义》［M］，北京：商务印书馆，1979。

29. 乔·萨托利：《民主新论》［M］，北京：东方出版社，1993。

30. 弗里德利·冯·哈耶克：《自由秩序原理》［M］，北京：生活·读书·新知三联书店，1997。

31. 艾尔·巴比：《社会研究方法》［M］，成都：四川人民出版社，1987。

32. 格林斯坦·波尔斯比：《政治学手册精选》（下卷）［M］，北京：商务印书馆，1996。

33. 加布里埃尔·A. 阿尔蒙德、西德尼·维巴：《公民文化——五国的政治态度与民主》［M］，杭州：浙江人民出版社，1989。

34. 蒲岛郁夫：《政治参与》［M］，北京：经济日报出版社，1987。

35. 马丁·李普赛特：《政治人——政治的社会基础》［M］，上海：上海人民出版社，1997。

36. 保罗·A·萨巴蒂尔：《政策过程理论》［M］，北京：生活·读书·新知三联书店，2006。

37. 米歇尔·克罗齐耶、埃哈尔·费埃德伯格：《行动者与系统——集体行动的政治学》［M］，上海：上海世纪出版集团，2007。

38. 欧克肖特：《政治中的理性主义》［M］，上海：上海译文出版社，2004。

39. 帕特南著《使民主运转起来》，王列、赖海榕译，南昌：江西人民出版社，2001。

40. 夸克著《合法性与政治》［M］，佟心平、王远飞译，北京：中央编译出版社，2008。

41. 萨尔沃·马斯泰罗内：《欧洲政治思想史》［M］，北京：社会科学文献出版社，1998。

42. 布坎南：《同意的计算：立宪民主的逻辑基础》［M］，北京：中国社会科学出版社，2000。

43. 杜鲁门：《政治过程：政治利益与公共舆论》［M］，天津：天津人民出版社，2005。

44. 罗伯特·达尔：《民主理论的前言》［M］，上海：上海三联书店，1999。

45. 丹尼斯·缪勒：《公共选择理论》［M］，北京：中国社会科学出版社，1999。

46. 施米特：《政治的概念》［M］，上海：上海人民出版社，2004。

47. 詹姆斯·博曼、威廉·雷吉：《协商民主——论理性与政治》［M］，北京：中央编译出版社，2006。

48. 安东尼·阿伯拉斯特：《民主》［M］，长春：吉林人民出版社，2005。

49. 本尼迪克特·安德森：《想象的共同体：民族主义的起源与散布》［M］，上海：上海人民出版社，2005。

50. 詹姆斯·R.汤森：《中国政治》［M］，南京：江苏人民出版社，1996。

51. 吴楚克：《中国边疆政治学》［M］，北京：中央民族大学出版社，2005。

52. 闵琦：《中国政治文化——民主政治难产的社会心理原因》［M］，昆明：云南人民出版社，1989。

53. 徐大同、高健：《中西传统政治文化比较研究》［M］，天津：天津教育出版社，1997。

54. 王邦佐：《中国政党制度的社会形态分析》［M］，上海：上海人民出版社，2000。

55. 张明澍：《中国"政治人"——中国公民政治素质调查报告》［M］，北京：中国社会科学出版社，1994。

56. 戚衍：《政治意识论》［M］，杭州：浙江人民出版社，1995。

57. 陈庆云：《公共政策分析》［M］，北京：北京大学出版社，2006。

58. 凌志军、马立诚：《呼喊：当今中国的五种声音》［M］，武汉：湖北人民出版社，2008。

59. 王沪宁：《政治的逻辑：马克思主义政治学原理》［M］，上海：上海人民出版社，2004。

60.《中国政治学年鉴》（2002 年）［C］，北京：中国大百科全书出版社，2003。

61.《中国大百科全书·政治学》［C］，北京：中国大百科全书出版社，1992。

62. 俞可平：《西方政治分析新方法论》［M］，北京：人民出版社，1989。

63. 陶东明、陈明明：《当代中国政治参与》［M］，杭州：浙江人民出版社，1998。

64. 程国顺：《当代中国农村政治参与研究》［M］，天津：天津人民出版社，2000。

65. 吴大英、杨海蛟：《政治意识论》［M］，太原：山西教育出版社，2001。

66. 陈义平：《政治人：模铸与发展——中国社会转型期的公民政治分析》［M］，合肥：安徽大学出版社，2002。

67. 蔡定剑：《中国选举状况的报告》［M］，北京：法律出版社，2002。

68. 虞崇胜：《政治文明论》［M］，武汉：武汉大学出版社，2003。

69. 王振海等：《社区政治论》［M］，太原：山西人民出版社，2003。

70. 徐勇：《乡村治理与中国政治》［M］，北京：中国社会科学出版社，2003。

71. 徐湘林等：《民族、政治秩序与社会变革》［M］，北京：中信出版社，2003。

72. 黄建刚等：《政治民主与群体形态》［M］，北京：中信出版社，2003。

73. 时延春：《公民政治素质研究》［M］，郑州：郑州大学出版社，2005。

74. 杨弘、刘彤著《现代政治学分析基础》［M］，北京：人民出版社，2004。

75. 殷陆君编译《人的现代化》［M］，成都：四川人民出版社，1985。

76. 王逸舟：《当代国际政治析论》［M］，上海：上海人民出版社，1995。

77. 梁丽萍：《中国人的宗教心理》［M］，北京：社会科学文献出版社，2004。

78. 郑楚宣、詹扬扬、吴育珊：《政治学基本理论》［M］，广州：广东人民出版社，2001。

79. 蒋云根：《政治人的心理世界》［M］，上海：学林出版社，2002。

80. 王海明：《公正平等人道》［M］，北京：北京大学出版社，2000。

81. 林尚立：《当代中国政治形态研究》［M］，天津：天津人民出版社，2000。

82. 杨德广：《大学生价值观研究》［M］，上海：上海教育出版社，1997。

83. 许纪霖：《共和、社群与民主》［M］，南京：江苏人民出版社，2004。

84. 中共新疆维吾尔自治区委员会宣传部：《建设有中国特色社会主义民族宗教理论学习纲要》［M］，乌鲁木齐：新疆人民出版社，2000。

85. 国家宗教事务局：《爱国主义教程》［M］，北京：宗教文化出版社，2005。

86. 新疆维吾尔自治区统计局编《2005年新疆统计年鉴》，北京：中国统计出版社，2005。

87. 阿不都热扎克·铁木尔：《2006~2007年新疆经济社会形势分析与预测》［M］，乌鲁木齐：新疆人民出版社，2006。

88. 俞可平：《民主与陀螺》[M]，北京：北京大学出版社，2006。

89. 王绍光：《民主四讲》[M]，北京：三联书店，2008。

90. 苗普生、马品彦、厉声：《历史上的新疆》[M]，乌鲁木齐：新疆人民出版社，2006。

91. 何怀宏：《西方公民不服从的传统》[M]，长春：吉林人民出版社，2003。

92. 魏星河：《当代中国公民有序政治参与研究》[M]，北京：人民出版社，2007。

93. 夏文斌：《公平效率与当代社会发展》[M]，北京：北京大学出版社，2006。

94. 成臻铭：《中国古代政治文化传统研究》[M]，北京：群言出版社，2007。

95. 俞可平：《治理与善治》[M]，北京：社会科学文献出版社，2000。

96. 曹沛霖：《比较政府体制》[M]，上海：复旦大学出版社，1993。

97. 虞崇胜：《政治文明论》[M]，武汉：武汉大学出版社，2003。

98. 俞可平：《权力政治与公益政治》[M]，北京：社会科学文献出版社，2003。

论文

1. 常守军：《宗教与社会主义政治文明建设——构建社会主义和谐社会的理性思考之一》[J]，《苏州科技学院学报》（社会科学版）2006年第3期。

2. 刘月琴：《伊斯兰行为理念理论及实践》（下）[J]，《西亚非洲》2006年第9期。

3. 徐勇：《草根民主的崛起：价值与限度》[J]，《中国社会科学季刊》（香港）2000年夏季号。

4. 阿比孜·尼亚孜：《当前新疆反分裂斗争与伊斯兰教关系的几个问题》［J］，《新疆师范大学学报》（哲学社会科学版）2004 年第 2 期。

5. 郭正礼：《论新疆坚持马克思主义民族观的几个重要问题》［J］，《新疆师范大学学报》（哲学社会科学版）2002 年第 3 期。

6. 顾华祥：《论新疆实现稳定与大开发双重目标的若干战略问题》［J］，《乌鲁木齐职业大学学报》2000 年第 2、3 期。

7. 吴福环：《强化"四个高度认同"，弘扬以爱国主义为核心的伟大民族精神》［J］，《新疆社会科学》2004 年第 3 期。

8. 张运德：《强化"四个认同"教育，增强中华民族凝聚力》［J］，《实事求是》2006 年第 2 期。

9. 束迪生：《深入开展意识形态领域的反分裂斗争》［J］，《实事求是》2002 年第 2 期。

10. 齐振挺：《新疆意识形态领域反分裂斗争的对策和建议》［J］，《新疆社科论坛》1999 年第 4 期。

11. 马品彦：《党的宗教政策在新疆的实践》［J］，《新疆社会科学》2005 年第 1 期。

12. 贾友军、赵爽：《新疆民族问题的区域特征与西部大开发》［J］，《伊犁师范学院学报》（社会科学版）2003 年第 1 期。

13. 姚维：《新疆维吾尔族群众宗教心态分析》［J］，《新疆师范大学学报》（哲学社会科学版）2003 年第 3 期。

14. 王继雨：《新时期新疆稳定问题实证研究》［J］，《科学社会主义》2006 年第 4 期。

15. 张振华：《正确认识和处理西部大开发中新疆宗教问题的基本思路》［J］，《北京大学学报》（哲学社会科学版）2002 年专刊。

16. 汤夺先：《伊斯兰教对地缘政治格局中民族心理的调适功能——以新疆地区为例》［J］，《江南社会学院学报》（哲学社会科学版）2005 年第 2 期。

17. 娜拉：《试论民族地区的政治发展》［J］，《西北民族大学学报》（哲学社会科学版）2006 年第 3 期。

18. 杨丽、姚春军：《新疆农村基层民主政治建设的政治学分析——以喀什地区为例》［J］，《新疆大学学报》（哲学社会科学版）2006 年第 6 期。

19. 周平：《边疆多民族地区政治文明建设的重大问题分析》［J］，《思想战线》2006 年第 5 期。

20. 周平：《新中国边疆少数民族地区政治建设的演进》［J］，《云南民族大学学报》（哲学社会科学版）2005 年第 5 期。

21. 王宏强、鲍慧华：《公民宗教：对现代宗教社会如何确立政治信仰的新思考》［J］，《贵州大学学报》（社会科学版）2006 年第 1 期。

22. 王林聪：《略论伊斯兰传统政治文化对民主实践的双重影响》［J］，《西亚非洲》2006 年第 7 期。

23. 王林聪：《论伊斯兰教与民主之间不确定的关系》［J］，《西亚非洲》2005 年第 5 期。

24. 袁明旭：《民族地区和谐社会构建中的政治沟通》［J］，《思想战线》2006 年第 5 期。

25. 魏泽民：《全球治理：公民社会与宗教发展》［J］，《世界宗教研究》2005 年第 4 期。

26. 杨建平：《影响民族地区公民政治参与的非经济因素》［J］，《中国党政干部论坛》2006 年第 50 期。

27. 〔英〕戴维·赫伯特著《宗教、信仰和公民社会》［J］，查立友译，《马克思主义与现实》2003 年第 1 期。

28. 经纬、刘绍兰：《边疆少数民族地区的政治文化和政治稳定》［J］，《云南民族学院学报》（哲学社会科学版）1999 年第 7 期。

29. 梁波：《当代中国公民政治参与的制约因素》[J]，《求实》2002 年第 5 期。

30. 张明军：《建国后我国政治文明发展中的文化制约因素》[J]，《当代世界与社会主义》2003 年第 3 期。

31. 姚万禄：《论法治在西北民族地区发展的条件——从政治意识文明的视角分析》[J]，《甘肃政法学院学报》2006 年第 7 期。

32. 周平：《我国少数民族地区开发过程中的几个政治问题》[J]，《政治学研究》2002 年第 1 期。

33. 汤唯：《宗教文化的法律定位——兼论伊斯兰教与伊斯兰法的变革趋向》[J]，《文史哲》2003 年第 5 期。

34. 王荣科：《中国社会传统政治心理探析》[J]，《安徽大学学报》（哲学社会科学版）2001 年第 5 期。

35. 金太军、洪海军：《论政治行为的动因及其制约因素》[J]，《江苏社会科学》2000 年第 2 期。

36. 牛余庆：《社会转型期我国公民的有序政治参与》[J]，《中共福建省委党校学报》2004 年第 3 期。

37. 吴健：《政治文明与公民参与》[J]，《马克思主义与现实》2005 年第 5 期。

38. 李建生：《当前新疆各民族群众心态的调查分析》[J]，《新疆社会科学》2003 年第 2 期

39. 田广研：《公民个人政治及行为分析》[J]，《西安建筑科技大学学报》（哲学社会科学版）2002 年第 3 期。

40. 李安增：《中国政治现代化进程中的政治文化建设》[J]，《齐鲁学刊》2006 年第 5 期。

41. 刘世丽、李中：《90 年代中国青年政治参与分析》[J]，《青年探索》2001 年第 3 期。

42. 刘洪玲：《高政治参与率下政治冷漠的原因探析》[J]，《中

国青年研究》2006 年第 8 期。

43. 周平：《论政治参与》［J］，《思想战线》1999 年第 4 期。

44. 林猛：《试论政治参与的制约因素》［J］，《兰州学刊》2003
年第 4 期。

45. 李清清：《中国政治文化视野下公民的政治参与意识》［J］，
《沧桑》2006 年第 4 期。

46. 李慧勇：《民族地区政治参与的现状与对策分析》［J］，《内
蒙古大学学报》（哲学社会科学版）2006 年第 3 期。

47. 高振岗、苗光新：《社会主义政治文明视野下的公民个体政
治社会化》［J］，《理论导刊》2006 年第 4 期。

48. 王运萍：《从我国公民政治价值观的现状看当前政治启蒙的
任务》［J］，《太原师范学院学报》（社会科学版）2006 年第
3 期。

49. 王俊付、周健：《浅析当代我国政治发展的政治价值取向》
［J］，《宁夏党校学报》2006 年第 1 期。

50. 马振清：《社会变革影响我国公民政治社会化的微观因素分
析》［J］，《重庆大学学报》（社会科学版）2005 年第 1 期。

51. 陶艳华：《社会主义政治行为道德价值判断的标准》［J］，
《河北师范大学学报》（哲学社会科学版）2000 年第 3 期。

52. 张华青：《民族素质与政治文化关系分析》［J］，《社会主义
研究》2002 年第 2 期。

53. 丁志刚、韩作珍：《我国西北少数民族现代化进程中的政治
文化转型》［J］，《西北师大学报》（哲学社会科学版）2003
年第 6 期。

54. 高丽：《边疆地区政治社会化有效性思考》［J］，《兵团教育
学院学报》2005 年第 6 期。

55. 欲鸣：《把握政治认知的特点》［J］，《思想政治工作研究》
2001 年第 4 期。

56. 涂序堂、彭康清：《浅析当代大学生政治认知的现状》［J］，《党史文苑》2006 年第 3 期。

57. 吴友发：《论社会转型时期我国公民的政治心理特征及其调适》［J］，《孝感学院学报》2002 年第 1 期。

58. 梁晓媛、张海燕：《论证政治文明建设中的意识文明与行为文明之间的关系》［J］，《华东理工大学学报》（社会科学版）2005 年第 3 期。

59. 张新萍：《论中国现代化进程中的政治动员》［J］，《中共福建省委党校学报》1999 年第 12 期。

60. 万绍红：《论中国现代化进程中的政治文明建设路径》［J］，《兰州学刊》2005 年第 1 期。

61. 李运兰：《试论当代中国政治文化的基本精神》［J］，《文教资料》2006 年 2 月号下旬刊。

62. 聂哲：《试论政治文化对政治行为的双重作用》［J］，《地方政府管理》2000 年第 6 期。

63. 杨筱：《认同与国际关系》［D］，中国社会科学院，2000。

64. 李莉颖、郭涛、赵建雄：《我国政策过程中公民参与的政治文化困境分析》［J］，《社会科学论坛》2005 年第 8 期。

65. 李素华：《政治认同的辨析》［J］，《当代亚太》2005 年第 12 期。

66. 田川：《政治文明的内在结构与外在关系分析》［J］，《中国特色社会主义研究》2004 年第 2 期。

67. 周红令：《当代大学生政治心理探析》［J］，《中山大学研究生学刊》（社会科学版）2006 年第 4 期。

68. 韩勇鸿：《当代大学生政治心理状况及调控对策》［J］，《教育理论》2006 年第 2 期。

69. 张茂林、王飞：《论社会转型时期的政治心理与构建和谐社会的基本策略》［J］，《法制与社会》2006 年第 11 期。

70. 宋新夫：《试论传统政治心理对公民政治参与的二重作用》[J]，《南京政治学院学报》2002 年第 4 期。

71. 李艳丽：《影响当前中国政治发展的政治心理因素分析》[J]，《武汉理工大学学报》（社会科学版）2006 年第 6 期。

72. 田为民：《政治稳定的社会心理条件研究》[J]，《江苏社会科学》1999 年第 2 期。

73. 张文安：《政治心理的内涵、构成及作用探微》[J]，《广西商业高等专科学校学报》2004 年第 1 期。

74. 王卓君：《论个体政治行为层面上政治文化的三大作用力》[J]，《东南大学学报》（哲学社会科学版）2001 年第 4 期。

75. 陆少青：《论政治行为文明》[J]，《钦州师范高等专科学校学报》2003 年第 3 期。

76. 龙群、郭宁：《论宗教对新疆信教群众政治行为的影响》[J]，《新疆社会经济》2000 年第 4 期。

77. 高金华：《人的政治行为一般特点辨析》[J]，《理论与改革》1998 年第 4 期。

78. 王子坤：《社会主义政治文明的"内生态"分析》[J]，《福州党校学报》2003 年第 3 期。

79. 梁丽萍：《政党行为与公民行为的双重建构：论政治行为文明建设》[J]，《中州学刊》2004 年第 4 期。

80. 邓薇：《政治文化对当代中国政治发展的影响》[J]，《青海社会科学》2006 年第 4 期。

81. 谢维营：《政治文化与政治文明》[J]，《上饶师范学院学报》2006 年第 1 期。

82. 罗求实：《大学生政治意识现状及对策研究》[J]，《娄底师专学报》2001 年第 2 期。

83. 熊淑媛：《公民、公民意识与政治文明》[J]，《理论探索》2005 年第 5 期。

84. 俞睿、皋艳：《公民意识：中国政治现代化的驱动力》［J］，《求实》2006年第1期。

85. 张扬金、蔡陈聪：《公民政治意识的特征及其发展路径》［J］，《河海大学学报》（哲学社会科学版）2004年第3期。

86. 黄颂：《略论我国社会转型期公民政治意识的若干倾向性特征》［J］，《辽宁教育学院学报》2000年第1期。

87. 文小勇：《论大众政治意识》［J］，《理论与改革》2002年第6期。

88. 熊淑媛：《论公民意识对政治文明建设的作用》［J］，《学校党建与思想教育》2005年第8期。

89. 朱选华：《培育公民的政治意识是政治文明建设的基础》［J］，《宁波大学学报》（人文科学版）2005年第3期。

90. 王翠华：《浅析政治意识文明》［J］，《理论月刊》2003年第12期。

91. 黄颂：《社会转型中公民政治意识的嬗变与政治发展的关系》［J］，《长春市委党校学报》2003年第5期。

92. 柳武氏：《当代中国公民政治参与的五大特征》［J］，《学术探索》2004年第9期。

93. 唐绍洪、刘屹：《对公民有序政治参与的价值解读——兼论我国政治民主建设中存在的问题及对策》［J］，《社会主义研究》2005年第5期。

94. 马晓红：《对公民政治素质的个案分析与思考》［J］，《科学社会主义》2005年第6期。

95. 李敏：《公民政治服从行为浅析》［J］，《前沿》2005年第11期。

96. 徐志宏、张弘政：《论中国传统政治文化的现代转型》［J］，《中共天津市委党校学报》2006年第1期。

97. 王妮丽：《浅析政治选举中的不投票行为》［J］，《云南师范大学学报》2004 年第 6 期。

98. 陈玉、王胜章:《少数民族地区公民政治参与公共政策制定的障碍及实现途径研究》[J],《云南行政学院学报》2005 年第 6 期。

99. 石亚洲、沈桂萍:《我国少数民族政治政策与少数民族政治参与》[J],《黑龙江民族丛刊》2003 年第 2 期。

100. 杨建平:《新疆公民政治行为的基本特征》[J],《兵团党校学报》2005 年第 6 期。

101. 周晔:《意见沟通渠道不畅条件下的公民政治参与及其启示——深圳市民李红光"广告参政"事件的政治学分析》[J],《人大研究》2005 年第 12 期。

102. 车红丽:《论当代中国转型时期的政治文明主体建设》[D],陕西师范大学,2004。

103. 谢桂娟:《试析我国公民政治文化的建构》[J],《东疆学刊》2006 年第 3 期。

104. 黄磊:《转型期公民政治参与的特点》[J],《人大研究》2007 年第 3 期。

附录　新疆公民政治行为理念现状调查与分析

《新疆少数民族地区多元文化背景下
的公民政治行为理念建设研究》课题组

新疆地处祖国西北边陲，具有重要的战略地位。新疆是典型的多个民族、多种语言、多种文化的汇集地，各族人民在文化和知识水平、风俗习惯等方面存在很大差异，尤其是在思维方式、思想观念等方面，各民族呈现出复杂性和多样性特征。20 世纪90 年代以来，民族分裂主义分子利用其与新疆多个民族宗教信仰、文化观念共通的优势，加紧对新疆各民族在意识形态领域的分裂与宣传，妄图从公民政治理念上否认党的领导地位和社会主义制度，攻击党的方针、政策。因此，在新疆少数民族地区多元文化背景下，在新疆构建和谐社会进程中，如何加强公民政治行为理念建设将直接影响和决定新疆的稳定与发展。

本课题组以新疆社会文化的多元性为出发点，设计问卷进行调查，从 2005 年到 2006 年，我们先后向南北疆 7 个地区发放问卷 3000 份，回收 2985 份，回收率 99.5%，展开了对新疆公民政治行为理念现状的调查，力图通过对多元文化背景下公民政治行为与公民政治行为理念建设的研究和分析，进一步加强公民政治行为理念建设与研究，为新疆地区政治文明建设提供一些新的思路和可操作性建议，尤其是在构建和谐社会的进程中，为自治区的公民政治行为理念建设提供一些积极有益的对策，使新疆各族人民从政治价值、政治情感和政治评判上自觉达到对祖国、对中华民族、对中华文化和对中国特色社会主义道路的认同，从而在意识形态领域与民族分裂主义分子对人民的争夺战中取得胜利。

一 新疆公民政治行为理念现状分析

问卷调查主要针对乌鲁木齐、伊犁、喀什、和田、哈密、克拉玛依和石河子 7 个地区，维文问卷 1440 份，汉文问卷 1545 份，总计 2985 份有效问卷，其中男女比例分别是：35.2% 和 62.9%。年龄情况如下：15～29 岁占 72.9%，30～49 岁占 21.1%，50 岁以上占 5.1%。在 2985 人中，汉族占 42%，维吾尔族占 49.4%，哈萨克族占 2.4%，其他民族占 5.5%。在被调查的人员中初中学历的占 14.7%，中专或高中学历的占 23.4%，大专或本科学历的占 58.1%，硕士研究生及以上学历的占 2%。2985 人中中共党员 333 人，共青团员 1806 人，民主党派 22 人，无党派 668 人。在被调查的对象中学生占 64.2%，另外还有公务员、企事业单位职员、工人、农民、专业技术人员、自由职业者、警察、军人等。

1. 新疆公民基本政治价值取向

通过问卷调查，可以看出绝大多数公民对政治基本价值的评价是持积极肯定态度的，72.1% 的公民选择"政治是大家的事"（少数民族中有 75.4% 的公民选择该项），只有 14.5% 的公民选择"政治是领导的事"（少数民族中有 12% 的公民选择该项）。85.9% 的公民认为"关心政治是好事情"（少数民族中有 88.8% 的公民选择该项），只有 3.2% 的公民认为"关心政治是坏事情"（少数民族中有 2.8% 的公民选择该项）。66% 的公民认为"对待政治的最好态度是积极参与"（少数民族中有 72.5% 的公民选择该项），但仍有 30% 的公民选择尽可能少参与或者不介入政治，原因大多数选择"参与政治容易犯错误"、"我参与进去也起不了什么作用"。这说明新疆公民中有相当一部分人对政治的价值评价与参与态度之间有差异。当问到"您认为当职工的合法权益受到侵犯时，大多数当事人的态度是什么"时，选择最多的选项是"忍气吞声，多一事不如少一事"。这部分的公民对政治参与持"敬而远之"的态度：既尊重政治、崇尚政治、对政治给予积极的评价，但又回避政治，不愿意参与政治。在这种心态的支配下，人们对政治往往是退避三舍。但从根源而论，人们对政治参与的这种"敬而远之"的态度，是"崇拜权力"又"惧怕权力"等的传统政治心理影响的必然结果。

2. 新疆公民对政府行为的评价

在公民对政府行为的评价问题上，44.1%的人认为本地方政府对自己的日常生活有影响但不大。在问到"当您服从政府的决定是因为什么"时，选择"热爱政府"的占 14.6%（少数民族中选择该项的占 17.8%），选择"政府的决定是正确的"占 23.5%（少数民族中选择该项的占 18.8%），选择"政府的决定是合乎法律的"占 27.4%（少数民族中选择该项的占 31%），选择"作为老百姓，服从政府的决定是很自然的事情"的占 36.1%（少数民族中选择该项的占 37.8%）。问卷中回答对政府或政治事务经常关注的占 25.2%（少数民族中有 32.4%的人选择该项），偶尔关注的占 57.8%（少数民族中有 50.2%的人选择该项），从来不注意的占 9.2%（少数民族中有 6.5%的人选择该项）。在问到"当您觉得政府的某项决定损害了自己的利益，比如提高税收的政策，您会不会想到自己可以采取某些方法促使政府修改这项决定"时，34.4%的人选择"不会"（少数民族中有 28.4%的人选择该项），33.7%的人选择"说不清"（少数民族中有 31.8%的人选择该项），只有 22.9%的人选择"会"（少数民族中有 26.2%的人选择该项）。当问到"您实际上是否采用过一种或几种方式表达对政府决定的意见"时，63.5%的人选择"没有采用过"(少数民族中有 60.9% 的人选择该项)。以上这些一方面反映了公民对政府具有某种经验意义上的信任感,另一方面也反映出公民的主体意识、权利意识、参与意识的缺乏和淡薄。同时也可以看出,虽然新疆多数公民具备了一般性的政治知识,但缺乏相应的政治参与技术,即不知道自己在哪些环节上可以参与和影响政府的决策,在什么情况下采取什么样的参与方式最能有效地发挥影响。在民主政治中,公民主动自觉地参与政治是对自己权利的行使和捍卫,也是民主政治的内在要求,而不论政府的行为如何。当代公民这种心态的形成本质上根源于几千年来的中国公民政治行为理念传统,是传统的"权威崇拜心理"、"国家崇拜心理"、"清官意识"、"狭隘顺从心理"、"等级依附心理"等公民政治行为理念影响的必然结果,也是"期盼明君圣主"来"为民之主"、"为民做主"等传统公民政治行为理念在当代的延续和体现。

3. 新疆公民政治参与的态度

在对公民政治参与态度的调查中可以看到,44.7% 的公民认为参加人大代表选举活动,是做一件对社会和自己都有益的事情(少数民族中有 48.4% 的公民选择该项),40.1% 的公民表示在可能的情况下会积极争取当人大代表(少数民族有 39.7% 的公民选择该项)。61.2% 的公民选择应该去听一听所在选区介绍人民代表候选人情况(少数民族中有 65.7% 的公民选择该项)。但同时认为"参加选举人民代表只不过在尽公民的责任"、"投一票应付应付,至于选谁无关紧要"、"参与只不过是个形式,最终还是领导说了算"、"当了也不能起什么作用"、"听不听所在选区介绍人民代表候选人情况关系不大"的公民仍占一定比例。这种心态反映了公民对政治参与的一种无奈和被动。公民的政治参与意识与其参与效能感密切相关。当一个公民认为自己的政治参与能够影响政府决策时,他就会表现出较强而积极地参与意识。反之，他的政治参与意识较低甚至表现出某种程度的"冷漠"。公民参与意识的缺乏，很大程度上是因为长期以来广大公民事实上很少能感受到自己的政治参与对政府的决策有过什么影响，而更多的则是被动地接受和认可"上面"既定的决定。长此以往，人们便逐渐失去了对参与政治的信任和信心，人们的参与意识也随之日渐减弱直至丧失殆尽。此外，这种心态也反映了政治参与"走过场"、"走形式"的现实。

同时，在对公民政治态度的调查中可以看到，以对政治的毫无兴趣、漠不关心为特征和表现的政治冷漠，已渗透在人们生活行为方式之中。它使许多人对政治冷眼旁观、无动于衷甚至麻木不仁。当前出现的政治冷漠现象主要有：（1）公民对政治的关心度下降。调查中，38.3%的人选择在家庭中偶尔谈论时事政治，31.1%的人选择在工作单位偶尔谈论时事政治，在上述环境中"极少谈论"和"不谈"政治的占了不少的比例。在问到"您对政府或政治事务是否注意"时，绝大多数公民选择"偶尔关注"和"从来不注意"，表示"对政治没有兴趣"、"对本地方党政机关发布的决定不知道"的公民仍占有一定的比例。（2）政治生活的高参与率和参与的低质量并存。一方面，官方每年都报道公众积极参与政治活动，基层选举和人大代表选举的参与率高达90%以上。另一方面，在许多地方，由于选民们参加选举往往出于被动，其厌选情绪日渐浓厚，参选率虽然很高，但冷漠的心态显而易见。"对选举人民代表没有兴趣"，"选举跟我没有什么关系"，"对当人民代表没有兴趣"等，有这些认识的公民仍占有一定的比例。政治冷漠使民主政治的主体形同一个懦弱的行路人，他在许多障碍面前不是去思谋排除和跨越，却在沮丧和绝望中寻求后路。政治冷漠已成为公民参与国家政治生活的极大障碍。政治冷漠不仅窒息"自己人"，也在客观上帮助民主政治的敌人。它无形中为封建主义残余和官僚主义的横行霸道，起了助纣为虐的作用。它在事实上庇护和怂恿封建主义残余和官僚主义行为，在精神上为其提供适宜的心理环境、心理土壤和心理气候。某些时期、某些范围内的反民主倾向之所以有增无减，在很大程度上是由于官僚主义者和封建主义残余势力看透了老百姓的心理短处，利用他们可欺侮的心理弱点而为所欲为。所以，"最应当反对的是漠不关心，而不是无政府状态或专制，因为漠不关心可以几乎分毫不差地创造无政府状态和专制"。

4. 新疆公民对宗教的认识

在对宗教的认识上，35.7%的公民认为"宗教对个人的影响主要来自于民族"（少数民族中有35.2%的公民选择该项）；34.7%的公民认为"宗教对个人的影响主要来自于个人信仰"（少数民族中有29.9%的公民选择该项）。57.2%的公民认为"信教人员与不信教人员在政治认知上是有区别的"（少数民族中有52.1%的公民选择该项）。52.9%的公民认为"家庭宗教背景对个人的政治认识会产生影响"（少数民族中有42.1%的公民选择该项）。57.9%的公民认为"宗教人士在社会上或政治体制中已得到足够的尊重"（少数民族中有52.5%的公民选择该项）。从问卷有关问题的回答上可以看出作为新疆主要宗教的伊斯兰教对新疆公民政治行为理念有着重要的影响作用。新疆自古以来就是多民族聚居地区，多民族的文化和政治价值理念或多或少地影响着新疆公民的公民政治行为理念建设，由于伊斯兰教、基督教等宗教在教义宣传中都有对教民政治价值评价的宣传，在一定意义上，是利用宗教对政治统治合法性的评价与宣传，这种宣传将直接影响公民在政治参与中的积极性与舆论导向性。这种政治评价与价值理念宣传为政府或主流文化所掌握，将对社会主义政治文明建设起到润物无声的作用，从而使新疆各族人民自觉认同社会主义先进文化。这种评价与宣传作用如果为民族分裂分子所掌握、所利用，就会在意识形态领域与政府展开对社会主义民主法制合法性认同的争夺，为新疆民族分裂主义提供滋生的温床。因此，如何在公民政治价值评价中引导宗教文化价值评价与主流文化价值评价相适应、相协调，将对新疆这一特殊地区进行社会主义政治文明建设有着重要的实践意义。

二　新疆公民政治行为的主要特征

通过以上对问卷调查结果的分析，透视新疆公民政治参与状况，可以看出新疆公民政治行为与公民的公民政治行为理念建设总体呈现出五个基本特征。

1. 新疆公民政治行为被动性

所谓被动性，就是参与主体并非出于自愿和自觉，而是通过他人或外力的引导、劝说、动员、甚至威胁等方式被迫参与政治生活。调查表明，新疆公民政治参与的主动性和自觉性不高，真正出于自主意识自愿参加国家政治生活的公民所占比例仍然不高，绝大多数公民缺乏政治主体意识，往往把自己当做国家和政府的附属物，一般是组织安排干什么就干什么，无论是参加政治学习、讨论，还是参加政治活动都是如此。

2. 新疆公民政治行为的盲从性

所谓盲从性，是指公民对政治的参与即非为一定的目的或动机所驱使，也不是直接迫于某种外在的压力，而是源自于自身的一种"盲目"的"本能"和"不自觉"。这表现在两个方面：一是公民个人在参与政治活动和做出政治选择时盲目地跟随多数；二是公民对来自"上面"的政治决定盲目地接受和服从。调查显示，有近 40% 的选民参加选举是在"随大流"；有超过 60% 的选民对上一次选举人民代表的情况"不记得"，公民政治参与所显示的这种盲从性与传统的"中庸思想"、"依附心理"、

"从众心理"、"权威崇拜心理"等因素的影响密切相关。而至于"为什么参加政治，为什么做出这样选择"等问题，则根本就不在这些公民的意识范畴之内。而在民主政治下，公民对政治现象和政治问题给予自己的认识和独立的思考，并在此基础上做出理性的判断和自主的选择，是现代政治参与题中应有之义，也是公民政治参与成熟的重要标志和重要表现。

3. 新疆公民政治行为的形式性

政治参与之所以成为民主政治的必要，就在于公民通过政治参与可以有效控制政府行为、限制权力滥用、维护公民权利，从而保持和促进民主政治的健康运行。而事实表明，新疆公民乃至当代中国公民的政治参与很难发挥出这种作用。比如选举人民代表，通过人民代表来表达自己的利益要求，这是我国人民实现民主的基本途径，然而通过对问卷的透视我们可以看出，不少人却是随大流、走形式。许多人认为如何选出代表或选谁做代表与自己没有多大关系，于是采取消极、甚至不参与的态度。作为现代民主制中最普遍、最基本的政治参与形式，政治选举是普通公民控制政府的重要的、制度化了的最为有效的手段，是保障人民当家作主、切实管理国家重大事务的主要途径和形式。然而，由于各种因素的影响，目前所进行的选举却很难实现这种重要的政治功能。无论是选举的方式（直接或间接）、选举的对象（候选人的产生），还是选举的层次（基层或地方或中央）、选举的组员（哪些身份的人、何种资格的人当代表），抑或选举的过程、选举的结果，事实上都不是或不完全是由选民来自主选择或确定的。尤其是在较重大而具有真正政治意义的选举中，选民能够做的或不得不做的无非就是通过投票来对预先的政治安排进行一次认可而已。这也是我们为什么始终强调和呼吁"进一步健全和完善人民代表大会制度"的重要原因之所在。

4. 新疆公民政治行为的冷漠性

政治冷漠（Political Indifference）作为一种政治态度，它指的是一国的公民对政治活动的冷淡和对政治问题的漠视；作为一种政治行为，它指的是对政治参与的疏远和逃避。政治冷漠现象在当前出现绝不是偶然的，它和转型期中国特有的政治参与机制、利益诉求、社会心态、公民政治素质等因素密切相关。首先，政治参与机制的缺陷，限制了公民政治参与的良性发展。我国虽然建立了包括人民代表大会制度、政治协商制度、基层群众自治制度、信访制度等在内的比较完备的政治参与机制，但这套机制存在着配套性差、自主性弱和渠道单一等弱点，使得一些具体制度只是停留在空泛的原则上，而难以被贯彻实施。其次，公民参与政治活动，无疑是在寻求一种利益表达，相反，如果公民的利益诉求总是得不到满足，也会弱化他们参与政治活动的积极性。目前，我国社会出现了比较严重的利益协调危机，因利益获取不均衡而产生的社会矛盾特别突出。再次，中国当前的政治冷漠现象还和公民的社会心态有关。社会心态是某一时期社会群体普遍存在的共同心理状态，通俗地说，就是民气人心。积极的社会心态，对公民参与政治起着促进作用；消极的社会心态，则对公民参与政治起着阻碍甚至是破坏作用。在个案分析中，公民对"腐败"、"官僚主义"、"失业下岗人数增加"、"贫富悬殊"、"社会风气败坏"、"农民负担过重"和"治安恶化"等社会问题表示严重担忧，这种心态加重了他们内心的无力、无奈感，继而对政治生活产生心理距离。最后，公民政治素质较低，也是影响其参与政治活动的主要障碍。公民的政治素质程度高，对政治的认知就深，也就能比较多地了解政治过程，因而政治效能感和政治自信心就强，参与愿望也就迫切。反之则相反。

5. 新疆公民政治行为的功利性

所谓功利性，就是指公民对政治的参与主要是或只是从自身的利益尤其是经济利益需要出发来考虑的，而并不是基于一个合格公民的政治责任意识、不是出于对自己的权利和义务的认识来自觉参与的。改革开放尤其是发展市场经济以来，政治参与的功利性日渐成为当代公民政治参与的一个显著特征。"如果参与与自己的利益相关，就热心参加；如果只是上级规定时间内完成的任务，就不感兴趣。""参与政治有什么用，既不能带来吃，也不能带来穿，搞不好还会冒风险，倒不如发财致富来得实惠。""要参与民主，就要从中为自身、为自己的家庭、为自己的单位带来好处，参加选举，也必须选自己身边的人。"公民政治参与的这种功利动机和价值取向，一方面是由中国的经济发展水平落后导致的，另一方面也是由公民自身的政治素质决定的。应该承认，市场经济环境中人们参与政治表现出来的功利性，有其必然性和一定的合理性，它在一定程度上使政治参与具有某种主动性特征。但是，这种完全出于对利益的追求，对政治参与的发展和民主政治的建设是有局限性的。

以政治民主化的内在规定和本质要求为参照维度，考察分析新疆公民政治行为与公民政治行为理念建设所呈现的上述特征是毋庸置疑的。毫无疑问，这些特征与政治民主化的要求显然格格不入。也正是这些特征的规限，决定了当代中国公民政治行为理念发展的落后现状，从而也决定了中国的政治民主化之路依旧任重道远。诚然，改革开放以来，人们的参与意识、主体意识、法律意识、民主意识等都有所增强。但是，这些变化同提高政治素质、发展政治参与、建设民主政治的要求来说，是远远不够的。这些变化远不足以形成具有较为普遍意义的政治行为新特征，它并没有整体而根本地改变由上述基本特征所规定的现实政治行为与公民政治行为理念建设的基本面貌，并没有改变公民政治行为理念建设总体水平落后的事实。

三　新疆公民政治行为理念建设的总体评价

从上述分析不难看出，近年来，随着民主政治建设进程的加快，新疆公民的政治生活发生了重大变化，政治素质有了相应的提高，尤其是少数民族的政治素质提高很快，但同时也存在不少值得研究和解决的问题。

1. 积极方面

（1）新疆公民的政治观有所变化

近年来，随着新疆政治生活民主化、公开化进程的不断加快，一方面，使公民最大限度地了解到国家及地区的政治发展状况，打破了政治神秘的倾向，消除了过去那种明显的身份差异感，享受到相同的政治权益；另一方面，增强了公民的主人翁意识，调动了公民管理国家，参与国家政治生活的积极性、主动性，从而使公民真正认识到"政治"是管理人民大众的事情，是自己的事，而不是少数人的事、领导的事、国家的事。这就使得公民的政治观发生了根本性变化。尤其是在少数民族聚居的地区这种变化也是明显的。另外，在调查中发现，当问到"您认为对政府的影响最积极有效的是什么活动"时，在问卷给出的18个选项中，汉族和少数民族同志选择最多的都是"通过人民代表反映意见"，虽然比例都不高，但从中可以看出新疆公民政治素质的提高。同样，当问到"假如您想对政府的决策提出意见，您会采用哪种方法"时，在给出的10个选项中汉族和少数民族同志选择较多的都是"向政府有关部门反映"和"向人民代表反映"。

（2）新疆公民的民主意识和政治参与意识有所增强

公民的民主意识和政治参与意识是现代民主政治发展的思想基础。随着新疆社会经济的发展，随着新疆政治生活的开放和民主，越来越多的公民开始以主人翁的观念和姿态关心政治、参与政治。特别是新疆的部分少数民族同志，他们能以积极的心态介入政治生活，希望通过各种政治参与形式来直接或间接地影响政府决策，从而争取、实现和维护自己的利益。通过对比分析发现，少数民族同志在家庭中经常谈论时事政治的有32%，汉族同志选择该项的是22.6%；少数民族同志在工作单位经常谈论时事政治的有32.1%，汉族同志选择该项的是28.2%。少数民族中有53.4%的公民选择"对本地方党政机关发布的决定知道一些"，而汉族选择该项的公民是33.4%。32.4%的少数民族同志选择"经常关注政府或政治事务"，而汉族同志选择该项的仅为15.2%。目前，在政治参与中新疆公民所表现出的积极性和主动性，对政治生活介入越来越频繁的现象，对民主、自由、平等的强烈愿望，正是他们民主意识和公民政治行为理念建设加强的有力证明。

（3）新疆公民的政治需求越来越高

政治需求，是人类高层次的精神需求。当温饱问题，生存、安全等物质需要问题基本解决后，人们的注意力便会更多地转向政治生活领域。30年改革开放和社会主义现代化建设的巨大成就，使新疆公民普遍得到了实惠，基本解决了温饱问题，物质生活水平有了不同程度的提高。在此情况下，公民开始更多地关注政治，更多地参与政治生活。他们不仅要求政治与法律上的平等，有知政、议政、参政的权利和机会，而且要求能亲自行使政治权利，影响政府决策，以真正实现和满足自己或群体的利益。因此，现阶段，新疆公民的政治需求呈现出越来越高和多样化的趋势。

2. 消极方面

（1）新疆公民淡漠政治的倾向依然存在

从新疆公民政治行为理念现状的调查问卷中不难看出，由于多种原因所致，新疆公民依然存在着对政治不感兴趣或敬而远之的淡漠倾向。许多公民对宪法赋予自己的选举权，表现出无所谓的态度，消极参与选举活动；有些公民不愿过问国家及地方的政治发展情况，不愿意介入政治生活，即便是在自己的利益受到某种损害时，也会保持沉默或无可奈何。特别要提出的是新疆汉族同志的政治热情在某些方面较之少数民族同志更为淡漠，除了上述提到的数据外，再例如，选择"参加选举人民代表时是在做一件对社会和自己都有益的事情"的少数民族同志比汉族同志多出8.7个百分点，认为"应该去听一听所在选区介绍人民代表候选人"的少数民族同志比汉族同志多出10.8个百分点。长此下去，新疆汉族同志对政治淡漠的加剧，将会对新疆及我国的民主政治建设带来诸多负面影响。

（2）新疆公民政治行为理念水平依然较低

改革开放和市场经济虽然使公民的民主意识和主体意识增强了，参与政治的积极性、主动性提高了，但这并不代表公民参与能力和公民政治行为理念水平的提高。从问卷中反映出，目前新疆公民的实际政治参与能力和公民政治行为理念水平依然较低，相当多的公民很少有参与政治的经历和实践，更谈不上参与政治的能力和技术，有些公民只知道有事找政府，遇事向政府请愿，向人民代表反映，但不清楚采取什么样的程序，以什么样的方式去反映意见，如何与政府进行必要的沟通。这样的政治参与能力和公民政治行为理念水平显然与不断发展的民主政治建设的进程不相适应。

（3）新疆公民的政治心态相对不稳

近年来，随着社会生活的纷繁多变，层出不穷的社会事件、五花八门的生活方式、不断更新的思想观念，在公民心理上引起了各种不同的反映。东西部地区差距的拉大、不同群体经济收入的悬殊、社会的不公现象、政府的腐败行为等，使公民的政治心态日趋复杂多样，表现出相对的不稳定。问卷中所呈现出的公民政治参与热情与政治冷漠现象、要求保障权利与权利受损时的无动于衷现象，可以说是公民政治心态不稳定的一种折射。

四　加强公民政治行为理念建设的措施

总体来看，由于受地域、社会经济发展的程度和分布的限制，新疆公民的思想观念与现代社会发展和市场经济的要求相适应还有很大距离。公民政治素质建设上出现了特有的敏于言而讷于行的政治行为窘状。目前，新疆公民政治行为能力和公民政治行为理念水平总体不高，其政治参与能力与不断发展的民主政治建设的要求还有一定的差距。为此，我们应根据新疆公民政治行为与公民政治行为理念建设现状，采取切实可行的措施，加强公民政治行为理念建设，拓宽公民政治行为参与途径和行为模式，健全公民政治行为实践体系和实践满足，提升公民政治行为理念水平和理想追求，提高公民的政治行为能力，以利于我国民主政治建设的有效、持续、健康发展。

1. 加强新疆公民的思想政治教育

思想政治教育是提高公民政治素质的基础。现阶段，结合公民政治素质存在的问题，要对公民进行"五观"（马克思主义国家观、民族观、宗教观、历史观、文化观）和"四个认同"（对祖国、中华民族、中华文化和中国特色社会主义道路的认同）教育，加强马克思主义在意识形态领域的指导地位，增强公民对党、对祖国、对社会主义制度的政治共识和深厚感情；要对公民进行政治知识和参与技术的教育，使公民真正懂得通过有效的政治手段保护和追求自己的利益；要对公民进行政治参与行为的引导，引导公民正确认识自己的权利和自由，引导公民正确认识自己享有权利的同时所应承担的义务，引导公民正确认识国情及未来的发展目标，从而使公民的政治行为符合社会发展的要求。同时，要努力做到在公民政治价值评价中引导宗教文化价值评价与主流文化价值评价相适应、相协调，这将对新疆这一特殊地区进行社会主义政治文明建设有着重要的实践意义。

2. 加强新疆公民政治参与的制度化建设

提高公民政治素质，加强公民政治参与的制度化建设是保障。没有制度规范的政治参与，缺少规则的政治参与，无益于公民政治素质的提高。对于新疆公民初步表现出来的参与热情，应在制度的范围内给予积极的引导和鼓励，促进公民政治参与的健康有序发展。只有把政治参与纳入制度化，才能保证公民有秩序、有组织地表达其要求，才能在实践锻炼中提高公民的政治素质。在目前新疆政治参与制度不完善的情况下，加强制度化建设就是在充分尊重宪法和法律赋予公民的政治权利和自由的前提下，对公民政治参与的内容、方式、途径做出明确的规定，使其可以按一定的程序实际操作，并用法律的形式将其固定下来，做到有法可依、依法参与，使政治参与经常化、制度化，使公民在持续不断的政治参与中提升自己的政治素质，提高自己的公民政治行为理念水平，从而保证公民政治参与乃至整个社会体系的稳定有效运行及民主法制建设的健康发展。

3. 扩大新疆公民的政治参与渠道

提高公民政治素质，扩大公民政治参与的渠道是关键。公民只有在改造世界中才能认识世界，同理，公民只有在不断的政治参与中才能不断提高自身的政治素质。党的十一届三中全会以来，随着改革开放的深入和民主法制建设的发展，新疆公民的政治参与行为日益活跃并且呈现出不断扩大的趋势，从而使公民的政治素质有所提高。但从总体上看，新疆公民政治素质和文化水平还不够高，公民政治行为现状不尽如人意，造成这一状况的一个重要原因是，公民政治参与的深度和广度不够，政治实践的欠缺，影响了政治素质的提高。因此，应当不断扩大公民有序的政治参与渠道，同时，提高政治的透明度，地方的重要决策，在不妨碍社会稳定的情况下，通过有效的途径让公民参与，让公民在有序的政治参与实践中，不断增强民主法制意识、公民主体意识、权利意识和监督意识，提高主人翁的责任感和政治参与的热情，使其在长期的政治参与锻炼中，不断培养和提高自己的政治素质和文化水平。

4. 利用新闻媒体强化新疆公民与政治系统的联系

加强公民政治行为理念建设，不断提高公民的政治行为能力，发挥新闻媒体的舆论宣传作用是重要途径。新闻媒体不仅具有强大的政治导向功能，而且可以使公民与政府之间产生互动，保持公民与政治系统的联系。现阶段，从政府的角度来说，要充分利用新闻媒体加强主流政治行为理念的引导，教育公民正确认识和行使宪法、法律赋予他们的自由和权利，认真履行自己所承担的义务。同时，要加强对公民进行国情教育，引导他们认清社会发展目标和形势，使其政治行为有利于社会发展的总方向，有利于民主政治建设的总体推进。从公民的角度来说，要积极主动地借助于新闻媒体这个舆论平台，充分表达自己的政治要求和根本利益，并对政府行为实施有效监督，揭露和抨击违背公民利益的阴暗面，促使政府行为更民主、更合理，促使自己的综合政治素质不断提高。

5. 通过地区经济发展加强新疆公民政治行为理念建设

加强公民政治行为理念建设需要一定的物质条件作保障，经济的发展、人民生活水平的提高能为公民的政治行为提供经济基础和智力支持。全面建设小康社会、构建社会主义和谐社会，在现阶段就是要发展经济，提高各族群众的生活水平，这也是新疆各族群众参政议政最直接的目的和要求。在新疆这个多民族、多宗教地区，经济落后历来是民族分裂势力制造分裂活动的动因，江泽民同志再三强调："现阶段，我国的民族问题，比较集中地表现在少数民族地区迫切要求加快经济文化发展的问题上。""在新的历史时期，搞好民族工作，增强民族团结的核心问题，就是积极创造条件，加快发展少数民族和民族地区的经济文化等各项事业，促进各民族的共同繁荣。"因此，顺应各族群众发展经济的愿望，是维护各族群众政治权利的前提，是引导新疆公民政治行为良性运行的基础，在全面建设小康社会、构建社会主义和谐社会的进程中，要进一步发展生产不仅是经济任务更是政治任务的意识，实现经济与政治的同步发展。

构建社会主义和谐社会对新疆的发展提出了更高的要求，特别是社会主义政治文明建设是社会主义政治发展的一个新课题，它对新疆的民主政治建设显得尤为重要。在建设社会主义政治文明的进程中，如何创造性地贯彻和完善《中华人民共和国民族区域自治法》，如何发挥新疆多元文化在建设社会主义政治文明中的独特作用，如何将新疆政治传统中有益的部分运用到社会主义政治文明的建设中来，如何促使新疆的多民族因素成为多民族地区的发展优势和进步优势等，这些都是对新疆民主政治建设提出的新要求，是新疆全面发展必须解决的首要问题。与内地相比，新疆社会全面发展的进程相对于新疆各族群众的要求来讲还有很大的差距，有待于进一步加强，需要在构建社会主义和谐社会的进程中吸取内地的经验、结合自身的实际不断创新。新疆全面建设小康社会、构建社会主义和谐社会的任务还十分艰巨，新疆与内地的差距不可能在短时间内消除，各族群众生活水平和生活质量的提高也是一个渐进的过程，改变这种状况，需要将各族群众改善生活、发展经济、推进社会民主的愿望发展成推动社会进步的强大动力，使新疆的政治、经济、文化和社会生活全面发展，社会主义物质文明、政治文明和精神文明建设稳步前进。

后　记

　　"新疆公民政治行为理念建设"是我 2004 年主持申报的国家社会科学基金项目,历经五年研究,其间不断申请延期,以至于我都不好意思面对自治区社科规划办的领导与同志们。幸运的是自治区社科规划办的刘俊挺副主任、吴强等同志对我一如既往的信任与帮助,使课题于 2009 年 6 月中旬结题,经自治区社科规划办组织跨省双匿名通信鉴定,该项目成果由国家社科规划办评定为优秀。

　　自汉以降,张骞凿通西域,吹拂天山古道几千年的东西风,使新疆这块深居亚欧大陆腹地的独特区域充满潮起潮落、斑驳陆离的文明波涛。这一特殊的文明孔道和地理环境也使新疆自古以来就是多民族聚居和多种宗教流行并存及信教群众较多的地区。20 世纪 90 年代以来,东欧剧变、苏联解体、冷战结束,世界范围内民族分离主义浪潮兴起。由于地理环境、民族构成、宗教信仰等因素以及西方敌对势力的鼓噪,"东突"恐怖主义、民族分裂主义和宗教极端主义的干扰破坏交织在一起,使得新疆面临的反分裂斗争形势复杂而严峻,维护社会稳定的任务艰巨而繁重。为此,本项目立足新疆实际,以新疆社会文化的多元性为出发点,通过对多元文化背景下公民政治行为理念建设的研究,力图为新疆地区政治文明建设提供一些新的思路和可操作性建议,以使新疆各族人民从政治价值、政治情感和政治评判上自觉达到对祖国、中华民族、中华文化、中国特色社会主义道路的认同，从而在意识形态领域中与民族分裂主义分子对广大群众的争夺战中取胜。

对新疆少数民族地区多元文化背景下的公民政治行为理念建设进行研究，这在新疆尚属首次。在研究中我们提出"培育和增强各族群众的公民意识是新疆公民政治行为理念建设的核心内涵"，即着力培育和增强各族群众的公民意识，把公民意识渗透到民族性认定的全过程，使之成为各族群众政治行为理念的本质内涵，以公民意识统摄民族宗教意识。研究结题鉴定之时，新疆发生"7·5"事件。"7·5"事件是一面镜子，再一次映射出境内外三股势力分裂国家、破坏团结与统一的丑陋面目和险恶图谋；"7·5"事件打砸抢烧的犯罪行为以灭绝人性的方式践踏了生命和法律的尊严，在新疆各族人民心中留下了难以弥合的烙印与创痛；"7·5"事件是一次警示，它告诫我们分裂与反分裂、颠覆与反颠覆、渗透与反渗透的斗争将是长期的，一刻也不会停歇；"7·5"事件是一个课堂，它警示我们对安定团结的政治局面要倍加珍视，对民族团结是生命线的道理感同身受，对坚持正确的舆论导向、不断推进公民意识和国家认同教育的重要作用和长远意义深信不疑。

作为思想战线上的理论工作者，我们深知肩上的责任重大，在新疆着力培育和增强各族群众的公民意识，把公民意识渗透到民族性认定的全过程，使之成为各族群众行为理念的本质内涵，对于提高和强化新疆各族群众的国家认同意识、责任意识、法律意识，正确定位个人、民族、国家之间的关系，高扬民族团结旗帜，牢牢把握意识形态领域主导性意义重大。

本书是一项集体研究成果，共有 12 人参与调研和撰稿。我作为课题主持人，负责组织协调，课题总体设计，确定主题思想、研究思路和要达到的目标。各部分研究和撰稿的分工是：第一章由唐文睿、雷琳执笔，第二章由齐万良、安悦君执笔，第三章由马凤强、陈彤执笔，第四章由丁守庆执笔。雷琳、唐文睿、张倩、阿依先·肉孜、阿布来提·依明、巴哈尔古力·哈力克、古丽皮亚·阿比提等同志参与社会调研及调研报告的撰写，全书由雷琳、马晨统稿。

在本书出版之际，要感谢新疆师范大学科研处、新疆师范大学法经学院的大力支持，感谢华东师范大学范军教授、北京大学孔凡君教授、新疆社科院张云德研究员和刘仲康研究员、新疆大学高静文教授和高新生教授、自治区党校曾庆忠教授等专家的精心指导和帮助。在本书的撰写过程中，借鉴和引用了大量相关文献资料，在此特意向这些研究成果的作者们表示由衷的敬意与感谢。社会科学文献出版社的领导和责任编辑为本书的出版做了大量的具体工作，在此表示衷心的感谢！本书中探讨的问题依旧存在许多值得深入研究的地方，甚至存在许多缺憾，我们将会继续努力把这项研究工作延伸下去，也希望得到各位读者与专家的赐教。

雷　琳

2009 年 12 月 6 日于乌鲁木齐

图书在版编目（CIP）数据

新疆公民政治行为理念建设研究/雷琳等著. —北京：
社会科学文献出版社，2013.1
（中亚与中国西北边疆政治研究丛书）
ISBN 978 - 7 - 5097 - 3465 - 0

Ⅰ.①新… Ⅱ.①雷… Ⅲ.①公民教育 - 思想政治
教育 - 研究 - 新疆 Ⅳ.①D64

中国版本图书馆 CIP 数据核字（2013）第 001122 号

·中亚与中国西北边疆政治研究丛书·

新疆公民政治行为理念建设研究

著　　者/雷　琳 等

出 版 人/谢寿光
出 版 者/社会科学文献出版社
地　　址/北京市西城区北三环中路甲 29 号院 3 号楼华龙大厦
邮政编码/100029

责任部门/人文分社（010）59367215　　　　责任编辑/孙以年
电子信箱/renwen@ ssap. cn　　　　　　　　责任校对/张兰春
项目统筹/宋月华　范　迎　　　　　　　　责任印制/岳　阳
经　　销/社会科学文献出版社市场营销中心（010）59367081　59367089
读者服务/读者服务中心（010）59367028

印　　装/北京季蜂印刷有限公司
开　　本/889mm×1194mm　1/32　　　　印　　张/6.125
版　　次/2013 年 1 月第 1 版　　　　　　　字　　数/158 千字
印　　次/2013 年 1 月第 1 次印刷
书　　号/ISBN 978 - 7 - 5097 - 3465 - 0
定　　价/45.00 元